職場 × 社交 × 生活必備說話術

精準避雷

見人說人話、見鬼說鬼話

其實並不是壞事，而是**社交必備技能！**

學會說話，讓自己成為人群中最閃耀的存在！

劉惠丞
才永發 著

目錄

第三章
交談藝術

第四章
批評藝術

第五章
拒絕的藝術

第六章
說服的藝術

第七章
推銷的藝術

第八章
談判的藝術

第九章
演講的藝術

前言

說話是一件容易的事情，但如果想把話說好，就沒有那麼簡單。有些人活了一輩子也沒有學會說話。把話「說好」是一門學問，也是一門藝術。

說話作為一門生存藝術，是每個現代人所必須具有的能力之一。好口才可以讓你在職場中游刃有餘，商場上順風順水，同時也是你創造美好生活的必備條件，更是你走向成功的一個重要法碼。

生活中，一張甜嘴可以使得家人和睦、鄰里相依、生活幸福；事業中，一張甜嘴可以讓我們打開集結客戶、增長業績；戀愛中，一張甜嘴可以使戀情更加甜蜜，從而促成美滿的婚姻；友情中，一張甜嘴可以廣交朋友，讓友誼之樹長青……

話說得好壞，往往能決定一個人的幸福指數。想讓你的生活過得幸福快樂嗎？想讓你事業飛黃騰達嗎？那麼請打開此書吧。

本書以生動真實的事例和形形色色的故事深入淺出向你展示了社會生活中最直接、最便利、最有效的說話藝術，教你如何運用最巧妙的語言，把話說得恰當好處、滴水不漏，讓人感覺你的話語娓娓動聽，深入其心。讓你更能把握主動權，在人生的道路上走得更加扎實！更加穩健！

第一章
幽默的藝術

幽默不僅僅是會說幾句俏皮話，它還需要有兩分洞悉生活中荒誕與荒謬的見識；兩分敢於轉過臉來，把自己鼻梁上那塊白粉示人的勇氣；兩分空谷襟懷；兩分冰雪聰明；再加上一分閒雲野鶴的超然，如風之清；一分舉重若輕的從容，如月之白；而後便是十分愜意的會心一笑。

1·生活需要幽默

生活永遠是一個複雜而深邃的話題。文學巨匠老舍先生曾把生活比喻成「五味瓶」，千姿百態的生活場景展現在我們面前，而我們要做的是在思想上積極嚮往美好的生活，在語言上盡力美化我們的生活，這就需要幽默的言語。

一個美滿的家庭，就像一輛行駛在漫長公路上的汽車，除了要把好方向盤加入燃料外，同時切莫忘記給車子加入潤滑油，免得機器摩擦過熱，發生故障而拋錨。幽默力量的作用就像潤滑油那樣，切不可忽視它的特殊功能。

在家庭生活中，需要理解和寬容，需要用恰當的幽默保持溫暖和諧的家庭氣氛。懂得如何在婚姻與家庭生活中運用幽默力量的人，能夠以更坦率、更誠懇的態度對待他人。

邱吉爾在談到自己的夫人時說：「我覺得一生中最為輝煌的成就，是我說服我的妻子嫁給我。」

在一次宴會上，邱吉爾先生和他的夫人面對面坐著。邱吉爾先生的一隻手在桌子上來回移動，兩個手指頭向著他的夫人的方向彎曲。

旁人對此十分好奇，就問邱吉爾夫人：「你丈夫為什麼這樣若有所思看著您？他彎曲著手指，來回移動又是什麼意思呢？」

「那很簡單，」邱吉爾夫人回答，「離家前我們發生了小小的爭吵，現在他正在承認那是他的過錯，那兩個彎曲的手指表示他正跪著雙膝向我道歉呢！」

在每個人的家庭生活中，出差錯是常有之事，可以說沒有任何人能夠免除。此時，互相埋怨是毫無作用的，只能用幽默的力量去妥善處理種種不愉快。

在分享幽默力量所帶來的歡樂時，不能只是坐視別人，等待歡樂的到來，而應當積極參與幽默，這樣，你就能獲得他人的理解與信任。

2・人人都能幽默起來

幾乎每一個人都喜歡和說話風趣的人在一起，說話風趣幽默可以創造一種良好的氛圍，拉近人與人之間的距離，彰顯出你迷人的個性。

面對生活中可能引起麻煩的事情，我們藉助於幽默，共同歡笑一場，就能把這種煩惱放到適當的位置而不至於過分憂慮和不悅。以輕鬆的態度對待麻煩，用歡樂能使煩惱和整個生活相比之下變得不那麼重要。

約翰 · 洛克菲勒是世界有名的富翁，但是，他在日常開支方面卻很節約。一天，他到紐約一家旅店投宿，要求租一間最廉價的房間。

旅店的經理說：「你為什麼選擇這麼廉價的小房間呢？你的兒子來住宿時，總是選擇最貴的房間。」

「沒錯，」洛克菲勒說，「我兒子的父親是百萬富翁，我的父親卻不是。」

生活中，如果人們能經常以幽默的態度來對待各種事情，如在寒冷、炎熱、潮濕或令人難熬的日子裡，說上幾句逗人開懷的笑話，肯定能重新振作大家的精神。

幽默的言辭往往是最佳的潤滑劑，還能平息對方的怒氣，讓對方迅速轉怒為喜。

英王喬治三世有一次到鄉下打獵，中午感覺肚子有些餓，就到附近的一家小餐館要了兩個雞蛋充飢。吃完雞蛋，店主拿來帳單，喬治三世瞄了一下僕役接過來的帳單譏諷說：「兩個雞蛋要兩英鎊！雞蛋在你們這裡一定非常稀有吧！」

店主畢恭畢敬回答：「不，陛下，雞蛋在這裡並不稀有，國王才稀有。雞蛋的價格必然要和您的身分相稱才行。」喬治三世聽完不由哈哈大笑，爽快讓僕役付帳。店主幽默的言辭不僅沒有激怒英王，反而獲得不少收入。

幽默感可能是與生俱來的，但也可以透過後天的學習成為人見人愛的開心果，幽默所構成的條件，並不是在字眼上故弄玄虛。

很多場合，氣氛有些沉悶，人們互相戒備，這時候一句逗得大家開心一笑的詼諧話語，往往能打破彼此之間的隔膜，讓人心情愉快進行交際。掌握了幽默這個武器的人肯定是一個受歡迎的人。

一個詼諧幽默的人，一定有著豐富的知識和生活經歷，他能感染周圍的人，能把尷尬的局面改善，能應對複雜的局面。幽默的人知識面廣，不單調乏味，有深厚的生活經驗，不是簡單的玩弄詞彙。生活中的幽默無處不在，只要你多觀察生活，多注意生活，多借鑑他人好的經驗，並善於總結自己的經驗教訓，就能昇華你的幽默感。那麼，幽默口才具體是怎樣培訓出來的呢？

（1）要有健康高尚的情操，豁達的心態

幽默口才屬於生活中的強者，屬於樂觀向上的人。要想用自己智慧的火花去照亮別人，首先自己的心靈應該充滿陽光。「君子坦蕩蕩，小人常戚戚」。一個滿腦子小算盤、心胸狹窄的人是不可能有幽默口才的。

心胸開闊的人能夠用幽默口才化解遇到的尷尬場面，能夠用可貴的寬容來消除別人加到自己身上的傷害。

（2）要有良好的文化素養

有了健康明朗的思想，並不一定具有幽默的口才。我們還要具備豐富的科學文化知識，因為幽默的口才需要豐富的學識支撐。很難想像一個孤陋寡聞的人能夠成為一個幽默的高手。只有知識豐富，眼界開闊，對社會、人生有較深的認識與感悟，才有可能會閃現火花。

幽默者往往是眼觀六路、耳聽八方的人物。他們的談吐中既會有一定的哲理，又蘊藏著豐富的資訊。更重要的是，幽默口才需要淵博的知識，文化知識武裝起來的頭腦會為談吐提供源源不斷的新燃料、新武器。語言無味、面目可憎的人肯定不是博學多才的人，他們大多數是腹中空空。只有有了慧心，才有可能有秀口。頭腦中儲存下大量的知識學識，才有可能在需要的時候招之即來、派上用場。

《文苑滑稽談》記載了這樣的故事：

山東有一學官，在閱卷中發現一分考卷附有一張紙條，寫道：「同鄉某相國，學生童親妻。」考生寫這張紙條，是想讓學官知道他是相國親戚，從而另眼相看，破格錄取。但這位學官為人剛正嚴明，不肯開「後門」。尤其看到這位考生連「親戚」的「戚」竟寫成了「妻」字，足見學業之差。於是，便故意在卷子上批了一句：「該童生既係相國妻，本院斷不敢娶（取）。」

這位考生誤「戚」為「妻」，令人可笑。這位學官將錯就錯，批語辛辣，更使人捧腹。

（3）要善於自嘲

一般說來，人人都不願意成為大家取笑的對象。知道了這一點，你就能明白為什麼有的人很容易將別人逗樂了。每個人在潛意識裡都有一種優越感，在幽默者適度的自嘲中，人們感受到的是自己心裡那隱約的優越感。因此，不用擔心自嘲會讓人知道你的短處，引來鄙夷的目光。他們會為你的勇敢和風趣而折腰，因為你不怕暴露自己，所以他們就會在心中對你解除了防範，把你當成了自己的朋友。善於自嘲的人實際上是一種非常自信、非常明智的人。

希臘哲學家蘇格拉底的妻子姍蒂，是有名的潑婦，動不動就像河柬獅子吼般咆哮，而蘇格拉底從不發火。他說，娶老婆猶如馭馬，馭馬沒什麼可學，娶個悍婦潑婦，於自己修身養性倒是大有好處。有一天，姍蒂在家裡吵鬧不休，蘇格拉底忍無可忍，只好出門。正走到門口，老婆從樓上倒下一盆汙水，淋在蘇格拉底頭上。蘇格拉底心平氣和說：「我早就曉得，雷霆過後必有甘霖。」一個自我解嘲，把一腔怒火沖個煙消雲散。又迅速進入哲學思考。

教師在教學時自己開自己一個玩笑，沒有什麼不好的。倒是常常能使自己放鬆、學生自在，師生間心理距離迅速拉近，為教師教學藝術發揮最高效能鋪平道路。據說著名學者胡適曾應邀到某大學講演，他引用了孔子、孟子、孫中山的話，並在黑板上寫下:「孔說」、「孟說」和「孫說」。最後，他在發表自己的見解時，緊接著鄭重其事寫下「胡說」二字，使學生在大笑中分享他的自我調侃式幽默，並牢牢記住了他的「胡說」內容。

(4) 要懂得適可而止

雖然幽默口才倍受人歡迎，但幽默也要有度，要適可而止，千萬不能興之所至便到處信口開河。沒有節制的幽默是非常危險的，它可能會傷害別人，也可能會損害你在別人心中的形象。比方說你的身邊如果正好有殘疾人在場的話，你就不要說有關身體健康的玩笑。如果對方是一個十分嚴肅、不習慣說笑話的人或者是一個長輩或者上級，那你就更得注意玩笑的分寸和內容了。如果僅僅為了求得口頭的一時快感，就信口開河，沒大沒小，那麼只會讓人對你產生惱怒和反感。一定不要在心裡以「幽默口才大王」自居，處處顯露自己的小聰明和嘴皮子。那樣，只會讓人家覺得你淺薄無聊。

3．你也能「一語驚人」

語言是交流的工具，它能表達人們的思想和情感。同一個意思，長短不同的句子具有不同的表達效果，一般書面語中用長句了的時候較多，因為書面語講求邏輯嚴密。但是在日常生活中，為了表達和接收的方便，我們則較多使用短句表達我們的想法。

所以，一般的生活用語大都簡短有力。比如在日常交流中，經過很長時間的沉默後，以一兩句畫龍點睛的話去作總結，就會產生令人難以抗拒的幽默效果。

在一次電視節目中，主持人向一位女作家提出了這樣一個問題：「一個女人要婚姻持久，你認為什麼是最重要的？」

「一個耐久的丈夫。」女作家隨口答到。

那位主持人提出的問題不是一兩句話就能說清楚的，但女作家又不能不回答，為了避免過多的糾纏，女作家一句「一個耐久的丈夫」，既幽默、簡潔又發人深思，可謂「一語驚人」。

其實，生活是個很大的舞台，在這個大舞台的很多場景裡我們都能看到各種各樣的人演譯一幕幕「一語驚人」的劇碼，女作家可以成為主角，小女孩同樣也可以。

在蕭伯納訪問蘇聯期間，一天早晨，他照例外出散步，一位極可愛的小姑娘迎面而來。蕭伯納叟顏童心，竟和她玩了許久。臨別時，他把頭一揚，對小姑娘說：「別忘了回去告訴你的媽媽，就說今天陪你玩的可是世界上有名的蕭伯納！」蕭伯納暗想：當小姑娘得知自己偶然間竟會遇到一位世界大文豪時，一定會驚喜萬分。

「您就是蕭伯納伯伯？」

「怎麼，難道我不像嗎？」

「可是，您怎麼會自己覺得自己了不起呢？請您回去後也告訴您的媽媽。就說今天和您玩的是一位蘇聯小姑娘！」

上面故事中，蘇聯小姑娘不但「一語驚人」，「驚」到的還是一個偉大的人物。她聰明幽默的展示了人人平等、自信等值得讚揚的信念，並且一語驚醒了表現得有些驕傲的蕭伯納。就像上面故事中的蕭伯納一樣，一些做出了偉大成就的人往往有自大的毛病，他們說話、做事也往往以自己為中心，甚至把自己看成別人的驕傲。作為他們身邊的人，你有責任委婉提醒他們不要過於狂妄自大，這不但能夠保護自己，也能減少對別人的傷害。

下面的故事也能說明這一點：

據說，十九世紀義大利作曲家羅西尼對於沒有創見的作品很討厭，有位年輕的作曲家將自己的作品給羅西尼彈奏，想得到賞識。羅西尼一邊聽，一邊不斷脫帽又戴帽。年輕的作曲家感到奇怪，問羅西尼是不是嫌屋子裡太熱。羅西尼說：「不，我有一見熟人就脫帽的習慣。在閣下的曲子裡，我不斷碰到熟人，不得不頻頻脫帽致意。」

這裡的「熟人」，就是替代性的隱語。如果羅西尼採取正面批評的語言，那將是不愉快的事情。而對這種幽默表達，作曲家不得不默默接受。

4．要想快樂，就要隨身帶上幽默

笑口常開，能讓你快樂生活，可以防止生病，助你健康。幽默能縮短人生的距離，創造出和諧的氛圍和吸引人的魅力。這種魅力透過你的智慧、笑容就可以體現出來。

羅斯福在當選美國總統之前，家裡被竊，朋友寫信安慰他。

羅斯福回信說：「謝謝你的來信，我現在心中很平靜，因為：

第一，竊賊只偷走了我的財物，並沒有傷害我的生命。

第二，竊賊只偷走一部分東西，而非全部。

第三，最值得慶幸的是：做賊的是他，而不是我。」

他用幽默的語言塑造出一種智慧，也正是這幽默語言反映了他有一個傑出的口才。

美國前總統雷根，上任初期，有一次被槍擊中，子彈穿入了胸部，身負重傷，情況危急。

在那生死攸關的時刻，雷根面對趕來探視的太太所說的第一句話竟是：「親愛的，我忘記躲開了。」

美國民眾得知總統在身受重傷時仍能保持幽默本色，對他更是關懷和支持。正是由於他的幽默，穩定了因他受傷可能導致的動盪局勢。

人生在世，不如意事十之八九。能淡然處之，才是超脫的高手。若能化腐朽為神奇，化煩惱為樂趣，就更是一種新的超越，獲得的情趣也非常人可比。

某人房屋漏雨，每次請求修繕，未果。一天，地方官員視察民情，問及此人房子一事。官員以為他會大訴其苦，卻沒想到他微微一笑說：「還好，不是經常，只是下雨時才漏。」妙語博得諸人一陣大笑。幾天後，修房的來了。

幽默，實在是具有神奇的魅力：可以使愁眉者笑顏逐開，可以使淚水盈眶的人破涕為笑，可以為懶惰者帶來活力，可以從失敗中看到希望，可以在挫折中找到鼓舞，可以從困境中找到安康。

半夜時分小偷光臨，一般不會令人愉快，可巴爾札克卻與小偷開起了玩笑。巴爾札克一生寫了無數作品，卻常常手頭拮据，窮困潦倒。有一天夜晚，他正在睡覺，有個小偷爬進他的房間，在他的書桌裡亂摸。巴爾札克被驚醒了，但他並沒有喊叫，而是悄悄爬起來，點亮了燈，平靜微笑著說：「親愛的，別翻了。我白天都不能在書桌裡找到錢，現在天黑了，你就更別想找到啦！」

擁有幽默口才，不但可以調節好談話氣氛，還可以消除生活中帶來的煩惱，有益於人的身心健康，有助於延年益壽。

5．寬鬆的氣氛，需要幽默來著色

一個人在處境困難或身臨尷尬時，說句幽默的話能創造一種寬鬆的氣氛，拉近人與人之間的距離。

抗戰勝利之後，張大千欲返回老家。好友設宴為他餞行，梅蘭芳等人均在座。宴會剛開始，大家請張大千坐首座。張大千卻說：「梅先生是君子，應坐首座，我是小人，應陪末座。」大家都不解其意。張大千說：「有句話叫『君子動口，小人動手』。梅先生唱戲是動口，我作畫是動手，我應該請梅先生坐首座。」張大千先生用幽默的語言使在場的所有賓客都為之大笑，也使賓客們從心底裡佩服他運用幽默語言的風趣。

這幽默的語言有時看上去好像是自貶，然而「醉翁之意不在酒」，這既表現了張大千的豁達胸懷和幽默的性格，又製造了寬鬆和諧的氛圍。

如果你想在生活中給別人一個較好的印象，就應該巧用幽默活躍氣氛。在社交場合更是如此。無論是主人還是客人，都有責任把活躍的氣氛帶進這種場合。當你跨進大廳，千萬不要讓冰霜凝結在臉上，須知一個面帶愁容的人絕不會受別人歡迎，所以最好是神態自若。神態自若是難得的心理平衡的體現，它包含了面對自己的勇氣與信心和對別人的寬容與真誠。

有位著名女演員，一次在一家餐廳吃飯，一位老年婦女走上前來，看著她的面部，然後略帶遺憾說：「我看不出有多好！」

這個演員神情自若說：「謝謝您的真誠，我們倆沒有區別，都是一個鼻子，兩個眼睛。」

可以說:「使人能發出最美妙的笑聲就是最好的獎賞。」許多場合，你可以透過講述一段小笑話活躍氣氛，這不失為一種緩和氣氛的方法。

6・幽默，讓你每天笑一笑

醫學界普遍認為，樂觀的心態對人身體的健康有明顯的好處。實踐證明，快樂是一種養生的有效方法。《聖經》中說：「快樂的心，乃是良藥。憂傷的心，使骨枯乾。」

荀子說：「樂易者常壽長，憂險者常夭折。」

用今天的話說來則更簡單，意思明瞭。「笑一笑，十年少；愁一愁，白了頭。」

生活中，有人把幽默看成是笑的藝術。笑是一種常見的現象，很難說有哪個人不會笑。人發笑有其自身的生理基礎，笑是一種簡單的運動。達爾文曾做過精彩的描述：笑是由於一種深吸氣而發生的，在進行這種深吸氣的時候，緊接著是胸部和橫膜的短促的持續的痙攣收縮，所以我們就看到雙手捧腹的大笑。笑有許多好處。據說，能調節血壓，促進消化，增強活力，進而延長壽命。所謂「笑一笑，十年少」就是這個道理。很多科研成果證明了笑確實有心理上與生理上的益處。譬如：笑的動作能夠促進血液迴圈，促進肺部呼吸，鬆弛緊張感覺，對心臟、肺、胃其他器官都有明顯的好處。

幽默在我們的生活中，無處不在。一個人如果總是認為自己的言談措詞高人一籌，保持一種莊重的態度對他言論，絕不會生動有趣，更不能使聽眾笑顏逐開。假如能夠經常在自己可笑的地方開開玩笑，一定可以贏得許多朋友。因為你敢於取笑自己，是表示你把自己看做和對方一樣處於同等地位，毫無高傲的習氣，使對方看到你親切的形象，對你一見如故。常常拿自己開心的人，不但可以獲得許多朋友，並且可以使你心胸開闊，延年益壽。

有人這樣說：「幽默有鬆弛神經的妙用，能緩和一個人的盛怒，幫助消化，增進與周圍人們的友誼，延長壽命，所以人人都應學習。」還有人深有感觸說：「我的祖父、父親都是因過度憂慮而與世長辭，有一個時期連我也幾乎因憂慮而死亡，但幸好當時我學會了幽默，從此就覺得生活處處充滿樂觀因素，於是寬心做人，不再東憂西慮。我能夠活到這樣高齡，全靠幽默。」

人們對待生活的態度大約可分兩種：一種是一天到晚垂頭喪氣、愁前慮後，因而年紀輕輕，就愁容滿面；一種是整天歡笑喜樂，任何打擊都以笑臉面對，因而心安體健，長壽到老。

即使在一些通常認為是尷尬的場合，如果換一副幽默的姿態，也會獲得另一種心境：遇事豁達的人，會發覺那並不值得大驚小怪，反而會覺得自己過於鄭重其事令人可笑。幽默的談吐可以展露出你是一個氣量寬宏、不同尋常的人。據研究，笑能刺激大腦產生一種物質，這種物質有消除各種病痛的作用。笑能緩解緊張的精神狀態和心理壓力，從而達到平衡精神、消除過敏和恐懼、放鬆心理壓力的作用。人在歡笑時，據說由於受刺激，能控制多種激素的產生，對免疫調節也起作用。

7．尷尬時，別忘了幽默

幽默主要表現為機智的處理複雜問題的應變能力。幽默來源於對世間事物的洞察，含笑去面對人生中的矛盾或衝突，它常是人們處於困境時實現自我解脫的一種方法。

蘇格拉底是古希臘偉大的哲學家，他年輕時有一頭非常漂亮的頭髮。後來，由於他潛心研究哲學，用腦過度，年紀大後，腦門和後腦勺上的頭髮都掉光了。一個有著一頭漂亮金髮的年輕人揶揄他：「尊敬的大哲學家，是否頭髮越少，就意味著學問越多呢？」蘇格拉底說：「那可不一定，如果腦子裡面是空的，即使長著一頭濃密漂亮的頭髮，又有什麼用呢？」

蘇格拉底對別人的錯誤從不採取指責的態度，而是採取一種迂回的方式。

他的妻子是一個心胸狹隘並且性格冥頑的悍婦，每天對蘇格拉底嘮叨個不停，而且還會動輒破口大罵。有個人曾經問蘇格拉底：「您是一位非常有名的哲學家，你怎麼找了一個這樣的女人呀？」

而蘇格拉底卻很幽默：「你們有所不知，善於騎馬的人往往會挑選一匹烈馬，我如果能忍受住我妻子的話，那麼天下不就沒有我難以相處的人了嗎？」

用一句幽默的話將那些不愉快的事付之一笑，從而使緊張的氣氛即刻雲開霧散，這就是幽默的力量。蘇格拉底正是利用幽默的語言，使自己在輕鬆的笑聲中擺脫了尷尬局面。經過這些事後，他的妻子漸漸醒悟過來決心改掉自己的壞脾氣。

後來，當權者不容蘇格拉底的「異言邪說」傳播，將他處以死刑時，引起了普通百姓的極大憤慨，臨刑時，一個婦女哭喊著：「他們要殺害你了，可是你什麼罪也沒犯呀！」蘇格拉底回答說：「噢，傻大姐，難道你希望我犯罪，作為罪犯死去才值得嗎？」

這位偉大的哲人到生命的最後一刻，居然還保持著如此輕鬆幽默的情趣。

8・幽默風趣，可以打破僵局

在人際交往中，適當使用幽默的語言，可以打破僵局，並且回敬對方不禮貌的言詞，也可以使嚴肅緊張的氣氛頓時變得輕鬆活潑起來，甚至可以緩和或解決矛盾。

張大千是現代著名的畫家，他頦下留長鬚，講話詼諧幽默。一天，他與友人共飲，座中談笑話，都是嘲弄長鬍子的。

張大千默默不語，等大家講完，他清了清嗓門，也說了一個關於鬍子的故事。

三國時期，關羽的兒子關興和張飛的兒子張苞隨劉備率師討伐吳國。他們兩個為父報仇心切，都爭當先鋒，這卻使劉備左右為難。沒辦法，他只好出題說：「你們比一比，各自說出自己父親生前的功績，誰父功大誰就當先鋒。」

張苞一聽，不假思索順口說道：「我父親當年三戰呂布，喝斷壩橋，夜戰馬超，鞭打督郵，義釋嚴顏。」

輪到關興，他心裡一急，加上口吃，半天才說了一句：「我父五縷長髯……」就再也說不下去。

這時，關羽顯聖，立在雲端上，聽了兒子這句話，氣得鳳眼圓睜，大聲罵道：「你這不孝之子，老子生前過五關斬六將之事你不講，卻專在老子的鬍子上做文章！」在座的無不大笑。

張大千巧妙套用了關於鬍子的幽默故事，不僅使自己擺脫了眾矢之的的困境，而且也反擊了友人善意的嘲弄。

面對生活中可能引起麻煩的或者窘迫的事情，我們不妨藉助一下幽默，就能幫你擺脫困境。

8．幽默風趣，可以打破僵局

有一位主持人，在一次直播的節目的錄製現場，歡快的音樂緩緩響起，主持人面帶動人的微笑，邁著大方的步伐，款款走上台來，顯得非常有氣質，突然一陣聲響，迷人的主持人被設備線絆倒，台下的觀眾與電視機前的觀眾心想，這回這個主持人可出醜了，還有部分人幸災樂禍大笑著，這時主持人不慌不忙站起來，說了一句：「我為大家的熱情傾倒了，感謝大家對我的支持。」台下和電視機前的觀眾，都報以了熱烈的掌聲，無不為這位主持人的幽默與機智所折服。

文學家歌德，有一天在路上散步，路遇一位批評家，這位批評家曾對他的作品提出過尖銳的看法。他對迎面而來的歌德滿臉不屑，大聲說道：「我從不讓路給傻子！」

歌德笑答：「而我正好相反。」一邊說，一邊走到旁邊。

歌德用幽默化解了一場無謂的爭吵，充分顯示了他的寬廣心胸和大度的氣量。

一個幽默的人，無疑是個魅力十足的人。幽默不是天才、高智商、喜劇演員的專屬品。只要我們保持一種積極樂觀的心態，世界必然是光茫萬丈。常看一些笑話故事，幽默小品和漫畫等，你就掌握了更多的幽默素材，你一定能找到幽默並學會幽默。

9．幽默：構築和諧的人際關係

幽默是思想、才學和靈感的結晶，它能使語言閃耀出絢麗的光芒。幽默也被認為是只有聰明人才能駕馭的藝術。日常生活中，人們都喜歡與開朗、機智、風趣的人交往。善用幽默可以減少社交中發生的磨擦。

有個男職員，他所在的公司被另一家大公司合併，巨大的人事變動使他感到很不如意，新同事對他也沒有好感，周圍關係很不協調。有一天，他故作悲哀說：「我看大家都希望我被辭退，因為不管什麼事情我都是落在最後。」沒想到這句話收到了意想不到的效果。他的自嘲獲得了一次和新同事們大笑的機會，這樣，即使他真有拖拉和辦事效率低的毛病，同事們看到他有一種誠懇的自我評價態度，對他產生了信任和親近。

某大公司裡的一位部門經理，他每天總想的問題是：「部門內的人是否真正喜歡我？」一次，他從外面走進辦公室，發現手下的職員們正聚在一起唱歌，可是一見到他，就立刻匆匆忙忙奔向各自的辦公桌。他沒有大發脾氣，也沒有任何的不滿意，只是說了一句：「看來你們唱歌的水準真是高呀。」這句話卻產生了很好的效果。

原來，這個經理過去總是板著面孔訓人，批評別人總是「不許偷懶」，「工作時間不准娛樂」之類的話。這次他玩笑了一下，使職員們了解到他原來也有不為人知的一面，同時他也了解到，只要自己能和眾人一起歡笑，只要自己能把大家所需要的東西奉獻出來，那麼也一定能得到自己所需的東西，就能與大家建立良好的工作關係。

人們在工作上往往會遇到很多障礙，其中有一個障礙就是心理上對新的工作職位感到難以適應。究其原因，很大程度上來自對人際關係的憂慮。但挑戰困難實際上也是一種機會。要知道，獲得成功是要付出代價的，其中一種代價就是應該把自己的某種能力和專長放在一邊，在與他人的交往上多下功夫。也許你是世界上最好的教師、職員、工人，但是讓你當校長、經理或其他負責人的時候，你可能就會感到不能勝任，從而陷入困境。因為處理眾多的人事問題要比發揮個人的才能困難得多。

例如，你不僅自己要有獻身精神，還要幫助大家解決困難，取得部下的信任和擁護。否則的話，你就會一事無成，所有這些挑戰，你應該看作是一種機會。機會便是動力。如果學會幽默，可以幫助你接受挑戰，並且在實踐中獲得成功。幽默能使你輕鬆對待挫折和失敗，從而使得自己走向成功。

現在，人們對幽默的評價越來越高，就連工商界的企業家們，也知道利用幽默的力量來改變他們的原有形象，改善公眾對他們公司的看法。

某公司的總裁認為對於主管來說，幽默感是十分重要的，「它能表示領導者們具有活潑的，富於柔情的心理。這樣的人不會把自己看得太重，也不會把別人看得太輕，能夠做出比較合理正確的決策。」

還有一家公司的總裁從創造和諧愉快的人際關係的角度來看待幽默：「應當承認，幽默是基本的原則之一，如果你能做出使自己和別人都感到快樂的事情，那麼你就可能是一位好主管，或是一位好部下。」

人與人之間的隔膜，人與人之間性格的差異，竟是如此之微妙！多使用幽默口才就能消除人們之間由於誤解可能爆發的指責和爭執，促進建立友好善意的共事關係。

幽默的作用是十分明顯的，主要表現在以下幾個方面：

(1) 語言的潤滑劑。使用風趣幽默的語言，可以拉近朋友間、尤其是新結識的朋友之間的距離，促使雙方很快熟悉起來。

(2) 緩和矛盾，避免尷尬。

(3) 批評的手段。使用幽默的語言，使對方無法產生抵觸情緒，以期達到批評的目的。

(4) 自嘲作用。在公共場所，你不可避免會碰到尷尬的處境。這時候，如果能用幾句幽默的語言進行自嘲，便會緩解氣氛，使自己走出困境。

當然，使用幽默語言不僅要才思敏捷，能言善辯，對生活具有深刻的體驗和對事物有較強的觀察力，而且還要有一定的文化素質和語言表達能力，反應迅速，能夠隨機應變。

使用幽默語言要注意下面三點：

(1) 格調高雅，忌粗俗

幽默能夠使人發笑，在笑聲中消除緊張，難堪，愉悅情懷、感悟哲理。幽默是人們文化層次提高，社會文明程度增強的標誌。而粗俗的笑話，只能給人以油滑的感覺，是一種低層次的東西，起不到愉悅性情、淨化心靈的作用。

(2) 注意對象、時機

幽默口才固然能起到積極的作用，但若不看對象，不看時機便會引起對方的不滿和憤怒。譬如，在長輩和師長面前，在對方傷感的時候，最好能嚴肅一些，免得你落得討人厭。

(3) 明確動機

幽默講求含蓄。它不是尖刻的諷刺，又有別於惡意的嘲笑，也不是憤怒的譴責。幽默實際上是對社會上一些不良現象的善意的批評，透過「笑」給人以啟示。這一點必須明確。

清代才子紀曉嵐應邀參加一貴婦人的壽宴。主人久聞紀曉嵐才華橫溢，便請他賦詩祝壽。紀曉嵐也不客氣，隨口道：「這個婆娘不是人」，語畢，滿座皆驚，主人明顯露出不悅之色。紀曉嵐亦未理會，隨後念出第二句：「九天仙女下凡塵」。這時候，大家擊掌稱妙，貴婦人臉色由陰轉晴。紀曉嵐接著說道：「子孫賓客都是賊」，在座的人面面相覷起來，紀曉嵐不理不睬吟出了末句：「偷得蟠桃獻慈親」。言畢，大家又舉手齊聲叫好。

在這裡，紀曉嵐採用的是倒置法，即在特定情況下倒置事物的正常關係，產生使人發笑的效果。

美國一位心理學家說過：「幽默是一種最有趣、最有感染力、最具有普遍意義的傳遞藝術。」此言甚是。只要我們注意觀察，善於總結，不斷提高自己，一定會成為一個富有幽默感的人，贏得更多的朋友。

10．幽默的作用

擁有幽默口才，不但可以調節好談話氣氛，還可以消除溝通中帶來的疲倦。另外，它還有益於人的身心健康，有助於延年益壽。

在位於義大利半島的義大利，有五千九百萬人口，其中就有一千九百萬人能活到七十五歲以上，而且在平均三萬人中就會有一個上百歲老壽星。這是因為這裡的人有一個共同的特點，即心胸開闊，性格樂觀開朗，特別是在說話時都非常善於用幽默的語言。

這裡的人們都非常喜歡辯論，而且有時還會爭得不可開交，但是傷到相互之間的感情，可以說是極少的，這就是由於他們會用一種幽默的語言方式來化解刺激、調節不良氣氛。這也是長期的觀察與證明，義大利人之所以長壽的重要原因之一，那就是在生活中，說話要充滿幽默。

幽默語言有著非常大的作用。它的主要作用有以下幾個方面：

第一，增添生活樂趣。

人們的生活可以說是一個喜怒哀樂的過程，因此生活是豐富多彩的，它所反映的生活中的語言也是五顏六色的。不同的語言會表達出不同的作用，同時，也在人們的生活中產生一種不同的反響，幽默語言可以對人們的生活做出恰當的喜劇性反映，它通常會產生極大的趣味性、娛樂性的效果，有時它還可以消除生活中的一些窘境，減少那些不愉快的情緒，給生活帶來不同的樂趣。

著名的發明家愛迪生，在他的一生中，發明多達兩千多項。始終保持樂觀情緒是他的一個重要特徵，他在失敗面前，從來就不會氣餒。

愛迪生在發明蓄電池時，就是經歷過一萬次實驗的失敗才有了成功，但他卻不那樣說，他說：「我在實驗中發現了一萬次思維方式。」特別是一九二四年十二月的一個夜晚，一場大火燒掉了他的價值百萬美元的實驗室。

第二天早晨，當這位已七十六歲的發明家在凜冽的寒風中看到那片廢墟時，他感慨說：「也許災禍可以給人帶來價值，它把我所有的錯誤燒掉了，我現在又可以重新開始了。」

愛迪生幽默的語言，展示了他面對任何困難時，都會表現出異常的堅強和極其樂觀的思想品格，同時也表現了他能從失敗、損失的另一面看到積極的因素。

第二，活躍交談氣氛。

當你與他人交談時，如果說話過於嚴肅，就會在你們之間形成一種難以溝通的氣氛，你們之間也很難輕鬆愉快放開思想交談。但是，如果你在交談過程中適時說一些幽默的話，那麼你們交談的氣氛就會活躍起來，而你們的精神也就會放鬆，這樣也會使交談氣氛更加融洽，更富有成效。

第三，增加哲理性。

由於幽默語言極具趣味性，所以它能夠產生一種吸引人的作用，還可以增強說話人的語言魅力。

比如：當魯迅看到許多青年人在侃侃而談的學者面前變得自甘墮落時，他為了鼓勵青年的信心，便說：「有一條清澈見底的小溪，即使它是淺的，但是它淺得澄清，如果說是一條爛泥塘，誰會知道它到底是深是淺呢？或許還是淺點為好。」

雖然只是一句詼諧的話語，但蘊涵了深刻的見解和富有哲理的思想，而且表達得十分形象，透徹，也具有很強的說服力，極大鼓舞了那些自甘墮落的青年。

魯迅在講學、講演中都善於用幽默風趣的語言。他所說的每一句幽默風趣的話，都富有一定的啟發性和吸引力。

一次，他在演講時，講到了曹操藉故殺掉孔融的故事，他說：「曹操殺孔融的罪狀或許是不孝……假如曹操在世，我們就可以問問他，當初求才時說不忠不孝也無關緊要，可是又為何以不孝之名而殺人呢？」

「然而，就算是事實上縱使曹操重生，也不會有人敢問他，如果我們去問他，恐怕他也會把我們殺掉！」魯迅幽默的語言包含了深刻的哲理，在風趣中又蘊含了嚴肅的批評，他把趣味性與思想性凝聚成一體，從而使人們在歡笑聲中得到啟迪與教育。這也是幽默語言的一個重要作用。

第四，學會諷刺、鞭撻謬誤。

幽默語言還有一個特點就是諷刺，它也是幽默語言的一個功能。有時就可以利用幽默的語言，來諷刺某些人的無知以違反常理的言行，還可以揭露敵人的醜惡心態，以達到鞭撻社會生活中那些謬誤和醜惡行為的目的。這是幽默語言的另外一種作用。

用幽默來諷刺敵人，揭露敵人的卑鄙，使聽者與他身感同受，使聽者也對敵人更加深惡痛絕。而這就是諷刺鞭撻出敵人的醜惡心態。

例如：某位體育老師向學校彙報情況時，說：「我們們學校的運動員隊伍極需擴充，尤其是那些十項全能的運動員，目前只有三個……」他還沒說完話，對方就感慨道：「的確是需擴充，三個人也太少了吧，正所謂十項全能，一人一項，那就得有十個人嘛。」

某個學校進行一次語文測試，其中有一道題是「老子叫什麼？」而小明同學不知道，沒有做出來，晚上回到家時就問他的父親。他爸爸聽後，立即就火冒三丈，對著兒子厲聲吼道：「老子不就是我！你連我叫什麼都不知道了嗎？」嚇得小明目瞪口呆。

聽上去讓人啼笑皆非，它不過只是個笑話罷了，而這就是透過幽默的手段來諷刺那些非常無知卻又自以為是的人。

第五，幽默幫你擺脫窘況。

在日常生活中，人們會參加許多社會活動，在這些活動中可能會遇到各種不同的窘況，而每個窘況也不可能在事前都能一一預料到，並且做好預備的應對措施。

有些人常常會因某種突然出現的情況，而措手不及，又難以應付它，這就會使他處於一種窘況。如果是你面臨這種窘況的時候，而一時又找不出應對的措施，這時你就可以想出一句幽默語言，來說明你擺脫窘境。這你可以從很多成功、經典的例子中，學到很多方法。

一九八四年時，雷根參加美國總統競選，當時他已經七十三歲了，有一個人問雷根：「年齡是否會成為競選中的一個問題呢？」

其實他的意思就是說，雷根的年齡已經大了，在雷根競選中，這是一個不利於他的問題。年齡大的確是事實，也是他無法迴避的，而雷根就是用幽默的話語來回答，「不！我不打算因為政治目的，而利用我的對手年輕和沒有經驗這一點。」

雷根的這一回答，雖然沒有從正面直接說明，但是卻委婉而又含蓄的把年齡大與經驗多聯繫在了一起，暗示了年齡大有利於從政。雷根從另一個角度考慮，把年齡大的劣勢說成有豐富經驗的優勢，而且還消除了年齡大的問題給他帶來的不利局面。

第二章
讚美的藝術

現實生活中，每個人都曾得到過別人的讚美；每個人也都讚美過別人。讚美就像潤滑劑，可以調節相互間的關係；讚美又像協奏曲，那和諧悅耳的聲音讓人如痴如醉；讚美猶如和煦的陽光，讓人們享受到人間的溫情；讚美像催春的戰鼓，給人鼓舞和鼓勵。人人都喜歡別人讚美，因為這是一種精神享受，尊重和榮譽是人的第二生命；但並非人人都善於讚美，因為讚美畢竟是一門語言藝術。

1．讓讚美充溢我們的生活

清朝末年著名學者俞樾在他的《一笑》中，講過這樣一個故事：

有個京城的官吏，要調到外地上任。臨行前，他去跟恩師辭別。恩師對他說：「外地不比京城，在那做官很不容易，你應該謹慎行事。」

官吏說：「沒關係。現在的人都喜歡聽好話，我呀，準備了一百頂高帽子，見人就送他一頂，不至於有什麼麻煩。」

恩師一聽這話，很生氣，以教訓的口吻對他的學生說：「我反覆告訴過你，做人要正直，對人也該如此，你怎麼能這樣？」

官吏說：「恩師息怒，我這也是沒有辦法的辦法。要知道，天底下像您這樣不喜歡戴高帽的能有幾位呢？」

官吏的話剛說完，恩師就得意的點了點頭：「你說的倒也是。」從恩師家出來，官吏對他的朋友說：「我準備的一百頂高帽，現在只剩九十九頂了。」

渴望被讚美、喜歡聽一些好聽話是人的天性。在現實生活中，讚美的價值是時刻體現的，親人間的讚美讓家庭更加和睦；朋友間的讚美讓友誼更加深厚；情人間的讚美讓愛情更加滋潤；同事間的讚美讓關係更加融洽……

馬克吐溫說：「只要一句讚美的話，我可以活上兩個月。」要使人們始終處於施展才幹的最佳狀態，唯一有效的方法，就是表揚和獎勵，沒有比受到批評更能扼殺人們積極性的了。

著名的成功大師卡內基小時候是一個公認的淘氣大王。不幸的是，母親很早就去世了，在他九歲的時候，父親把繼母娶進家門。當時他們是居住在維吉尼亞州鄉下的貧苦人家，而繼母則來自經濟狀況較好的家庭。

一進家門，他父親一邊向繼母介紹卡內基，一邊說：「親愛的，希望你注意這個全縣最壞的男孩，他可讓我頭疼死了，說不定會在明天早晨以前就拿石頭扔向你，或者做出別的什麼壞事，總之讓你防不勝防。」

卡內基對於父親這一套已經習以為常了，他的確讓父親費了不少腦筋。然而，令卡內基大惑不解的是，繼母微笑著走到他面前，托起他的頭看著他，接著又看著丈夫說：「你錯了，他不是全縣最壞的男孩，而是最聰明，但還沒有找到表現機會的男孩。」這一句話，令淘氣的壞男孩幾乎落淚，他心裡感到很溫暖，自然對這個繼母充滿了好感。

繼母的這一句話，不僅讓他和繼母開始建立友誼，同時也成為激勵他的一種動力，這種動力促使他日後創造了成功的二十八項黃金法則，幫助千千萬萬的普通人走上成功和致富的光明大道。

由此可見，讚美的力量竟是如此的不可思議。無數事實證明：真誠的讚美，可以使對方心情愉悅，拉近雙方的距離，消除隔閡。因此有人說，讚美之詞是世界上最美麗的語言。適當讚美別人的優點和長處，這是正確處理人與人之間的關係的一條重要而實用的法則。

幾乎任何人都樂意聽到好聽話，因此，有些成功學家建議人們在說話時「要以讚美開始」。但是，讚美的話也不是「好聽」就行，也有一定的規則可循。

第一，恭維話要以事實為依據，不能違背事實胡說。

小張是個胖姑娘，最討厭別人提「胖」「肥」等字眼。某日她去服裝店買衣服，試了一件洋裝，剛一穿上，那個售貨員就習慣性說，你看你的身材這麼好，天生就是衣架子，穿這件衣服多漂亮呀。小張聽了這話冷笑了一下，心裡罵這人說話虛偽。

想必這就叫「睜著眼說瞎話」，如果這位售貨員說：「小姐，這件衣服很適合你，一是你的氣質很好，穿這件衣服能提起來；另外，這個款型的衣服收身，顯得你身材高，看起來苗條。」估計效果可能會好得多。

第二，讚美的話要不露痕跡。

有一個老笑話，說是一個人是拍馬屁專家，連閻王都知道他的大名，死後見閻王，閻王拍案大怒：「你為什麼專門拍馬屁？我是最恨這種人！」馬屁鬼叩頭回道：「因為世人都愛拍馬，不得不如此。大王是公正廉明，明察秋毫，誰敢說半句恭維話？」閻王聽罷，連說：「是啊是啊！諒你也不敢！」

實則閻王也是愛聽恭維話，不過說恭維話的方式，與普通人不同罷了。這個故事是說明了世人之情，都愛恭維，你的恭維話如果有相當分寸，不流於諂媚，將是得人歡心的一種妙法。

第三，讚美之詞不可提及別人的傷心事。

有一位姑娘交友不慎，被初戀的男友騙財騙色後甩掉了，姑娘為此難過了好一段時間。朋友們與她在一起時都會避諱這一話題，怕引得她傷心。偏偏有位同事口無遮攔，在聚餐時，就感嘆道：「我覺得你挺優秀的呀，人品好，長相不錯，為人處世也大方得體……」這本是句好話，卻沒想到酒過三巡的同事沒經大腦又加了一句：「我真不明白當初你那個男友為什麼會棄你而去呢？」姑娘本來聽了前半句讚揚很是高興，但聽完後半句立刻沉下了臉，回敬了一句：「這關你什麼事呀？」同事這才意識到自己犯了錯誤，支支吾吾想道歉，卻是越抹越黑，結果舉座不歡，以尷尬收場。

這位同事的錯誤就在於，在讚美別人時說了不該說的話，引起了別人的傷心、惱怒之事，相信換了誰也會感到不舒服。

第四，找獨特的地方讚美，不要人云亦云。

別人老讚美某人長相漂亮，你再說她漂亮估計就不會給他留下什麼印象，如果你誇獎她身材好，有氣質或者某些飾物漂亮則可能給她留下深刻的印象。

老子曰：「美言可以市尊。」從某種角度上講，如果一個人善於駕馭語言，便可以用之去交換自己所需要的東西。這都從不同側面說明了讚美的重要性。如果你想要得到對方的認可，那麼在言談中就要多多選擇讚美之詞；如果你想緩解矛盾，那麼需要多說讓對方順耳的好話。讚美是人際關係最好的潤滑劑，它可以讓你不費吹灰之力獲得好人緣，只要你讚美有方，那麼，你一定會成為一個受歡迎的人。

2．送給每個人一朵讚美花

人類的舉止動作有一條最重要的定理，假如你遵守那條定理便永遠不會遇到困難。一旦違反了那條定理，我們便會立即遭遇無數困難。那條定理就是：「永遠使別人覺得高貴重要。」高貴感是人類最急切的要求，詹姆斯教授說道：「人類之渴望受人稱讚，是天性中最深奧的特質。」人與動物的不同處也就是在於高貴感的有無，人類文明就是從這裡所產生的。

在人類的天性中，有一點是共同的，那就是希望得到別人的喜歡，希望能在別人的讚揚聲中感受到自我價值的實現。而在人類身上，值得讚揚的地方也的確很多。且不說優秀的、傑出的人物身上有許多閃光的東西，即使是普通人身上，也有許多優秀品質、優良品格值得我們去讚美。因此，在日常交往中，善於發現別人身上的優點，恰到好處讚揚別人，能起到鼓舞他人的作用。

據氣象台的天氣預報，最近將有颱風襲擊一座海濱小城。

小城裡的百姓驚慌起來，積極投入到預防工作中。一位母親忙碌著，旁邊站著她的小女兒。

「這該死的颱風⋯⋯」，母親一邊收拾東西，一邊詛咒。

「我喜歡颱風」，旁邊的小女孩不同意母親的說法。

母親感到很詫異，因為颱風破壞力極強，毀壞莊稼、吹倒房屋、阻塞交通，給人們生活帶來巨大的不便並造成損失，可眼前這個小女孩居然說她喜歡颱風。

「孩子，告訴媽媽，你為什麼喜歡颱風？」母親小心翼翼問。

「上次颱風來了，就停了電。」小女孩不假思索回答。

「停了電又怎麼樣？」

「晚上就會點蠟燭。」

「你喜歡點蠟燭嗎？」

「是的，那回（指上次颱風吹過的晚上）我點著蠟燭走來走去，你說我像小天使。」

母親頓時無言，隨即放下手中的活計，抱起小女孩，親吻著她的小臉蛋，湊近她的小耳朵並說了一句話：「孩子，你永遠是天使！」

讚美是如此美妙，甚至擁有讓人想像不到的力量。在我們成長的過程中，的確是需要讚美。即使明知對方講的是奉承話，心裡還是免不了會沾沾自喜，這是人性的弱點。因此，你一定不要吝嗇自己的讚美之詞，將它表達出來。

下屬工作出色，你對他的表現很滿意，真想好好表揚他一番。可是，你怕他聽了得意忘形，怕從此失去應有的威嚴，於是你克制住自己，只是按部就班向他布置下一個任務……

上司確實有魄力，處理問題正確果斷，而且作風正派，身先士卒，你很想在共同享用工作餐時把大家對他的好評，包括你的肯定，直接告訴給他。但是，你怕這會被他視為別有用心，怕別的同事視你在「拍馬屁」，更怕這會喪失了自我尊嚴，於是你將話咽了回去……

在樓門口遇上了鄰居全家，老少三輩，全體出動，是去附近的小飯館聚餐。看到他們那和諧喜悅的情形，你想跟他們說幾句祝福的話，可是你想到人家平時並沒有跟自己家說過什麼吉利話，又覺得此時此刻人家也許並不會珍視你的友好表示，於是你只是側身讓他們一家走過，輕輕咳嗽了幾聲……

在商場購物，你遇上了一位服務態度確實非常好的售貨員。當她將你購買的商品裝進漂亮的塑膠袋，親切遞到你手中時，你本想不僅說一聲「謝謝」，而且再加上幾句鼓勵的話，可是到頭來你還是沒說，因為你想著「我是『上帝』，她本應如此」，「反正總會有別的顧客表揚她」……

在研討會上，遇上了你長期的對手，你們的觀點總是針尖麥芒般互斥。然而，這回他的發言，儘管你仍然不能苟同他的論述，可是他那認真探索的精神，自成邏輯的推演，抑揚頓挫流暢自如的宣講，實在令你不能不佩服他的功力。在會議休息飲茶時，你真想走過去跟他說：「雖然我不能同意你的觀點，可是我的的確確願意為了維護你的表達權，而作出最大的努力……」你都走到他跟前了，卻又忽然覺得說這種話會招來誤會，而且，你覺得這也實在並不是什麼新鮮的話語，於是你開了口，沒說出這樣的話，卻吐出了幾句咄咄逼人「語帶雙關」的酸話……

請消除心頭的疑慮，當你心頭湧現了並非出自功利目的、自然親切、樸素厚實的讚美之話時，不要猶豫，不要遲疑，不要退卻，不要扭曲，要快把它說出口！只要你確實由衷而發，確實不求回報，確實充滿善意，確實問心無愧，你就大大方方、清清楚楚把讚美之話說出來。讚揚別人的方法很多，以下幾點可做參考：

（1）審時度勢，因人制宜

在什麼情況下採用什麼樣的方法，使讚揚的效果更好，這就需要讚揚者抓住一定的時機，因人而異，恰到好處把自己的讚美之情表達出來。

讚揚不僅要因人而異，因場合而異，還要考慮不同的階段。如當你發現有值得讚美的事物和人的良好品格的苗頭時，應當立即抓住這個時機，給予讚美對象美好前景的鼓勵；如人的優點和美好的事物已完全體現，那麼你就必須給讚美對象全面肯定和充分讚揚。不同的階段使用不同的讚美語，不僅能克服人通常的毛病，而且能給人一種實在感和具體感。

(2) 實事求是，措詞適當

實事求是是指讚揚應以事實為依據，這是與「阿諛奉承」的本質區別。「阿諛奉承」是出自主觀的願望，是為了一己之私，有著明顯的巴結奉迎的目的，即俗話所說的「拍馬屁」。而真誠的讚揚應是在客觀事實的基礎上，是一種真情的流露，旨在使人快樂，與人進行感情的溝通。此外，真誠的讚揚除了要以事實為依據外，措辭也要適當。主要應注意兩個方面：一是不要誇張，二是不要過分。

不要誇張，就是說讚揚話應該樸實、自然，不要有任何修飾的成分，不要誇大其辭。

不要過分，指的是讚揚話要適度，有的話讚揚一次兩次，一句兩句就足以使對方高興，而如果一句讚揚話說過多次或者對某個人堆上許多溢美之辭，那麼對方會認為自己不配，或者會疑心你的動機不純。

(3) 熱誠具體，深入細緻

日常交往中經常可聽到這樣的讚美辭：「你這個人真好」，「你這篇文章寫得真好」等等。究竟好在哪些方面，好到什麼程度，好的原因又何在，不得而知。這種讚美語顯得很空洞，別人以為你不過是在客氣，在敷衍。

所以，讚美語應盡可能做到熱誠具體、深入細緻。比如讚揚一個人穿的衣服漂亮。你不妨說：「這件衣服穿在你身上很合身，顏色鮮豔，人顯得有氣質多了。」美國社會心理學家梅倫 · 克林納德認為，正確的讚美方法是把讚美的內容具體化，其中需要明確三個基本因素：你喜歡的具體行為；這種行為對你的幫助；你對這種幫助的結果有良好感受。有了這三個基本因素，讚美語才不至於籠統空泛，才能使人產生深刻的印象。

（4）攻其不備，出其不意

在讚美語的運用上，如能攻其不備，出其不意，往往能使人喜出望外，收到意想不到的效果。

我們在日常交往中，如能注意觀察，並對那些被我們忽略了的優點、美德而及時加以讚揚，往往比讚揚那些人所共知的優點效果更好。如一位著名科學家、著名演員或著名作家，和在某些方面有較突出成就的普通人等，他們在各自的領域裡都頗有建樹，而對他們在各自領域裡所取得的成績的讚美聲也就會不絕於耳。那麼，我們不妨另闢蹊徑，如讚揚他們和諧的家庭生活，他們漂亮的衣著打扮，他們親切的微笑，以及優秀的品格等等，這樣肯定會使他們喜悅倍增。

3．讚美，不花錢就能辦成事

社會分工越來越細，人們之間更加需要合作。在社會活動中，許多人都會遇到「有求於人」的情況。怎樣才能使你的需求得到滿足，又不至於被對方拒絕呢？這就需要你能夠巧妙運用讚美，比如，稱頌他樂於助人，稱頌他有路子、辦法多等等。真誠稱頌，多說些人情話，可以博得對方的好感，使他願意幫助你。將對方引入你設定的情景，在求與被求的雙方心理上架設溝通的橋梁，然後提出你的要求。這樣，就會使你的要求成功得到滿足。

有一次，一位業務員到某公司聯繫業務。一進總經理辦公室，只見牆上掛了幾幅裝裱精緻的書法長幅，仔細一看，是篆書。這位業務員眼前一亮，張口便誇獎這幾幅字寫得是如何不錯。使總經理以為他一定是書法同好，連忙熱情招呼說：「請坐，請坐下細談……」這樣，總經理無意中已把這位「書法愛好者」視為「知音」了，當後來業務員開始談業務之事時，自然就「好說」多了。

如果你能很有興致的與一個人談論他的專長，或他所取得的成績，或他某項業務的輝煌時，你適時提出與之相關的需求，在這樣的時刻，他拒絕你的可能性最小，你的要求得到滿足的成功率最大，這是經過心理學家及社會學家的實驗所證明的。所以，當你有求於人時，就需要措辭得當，營造一個合適的氛圍，使你的需求最大可能和最大限度得到滿足。

有位金先生，他認識許多學術界的泰斗，並常常能得到他們的指點。問及他們之間的相識，也是緣於讚美運用的得法，因為有很多人也曾拜訪過這些大師，但往往談不上幾句便無話可說，很快被「趕」

了出來，而他竟成為大師們的座上客，其中的奧祕自不待言。

作為準備在學術領域有所建樹的金某，自然也很仰慕這些大師，他得知拜訪這些人不易，每當第一次拜訪某位專家時，他先將這個人的專著或特長仔細研究一番，並寫下自己的心得。見面之後，先讚揚其專著和學術成果，並提出自己的想法。由於他談的正是大師畢生致力於其中的領域，自然也就能激起大師的興趣，談話雙方有了共同話題。談話中，金某又不失時機提出自己不理解的地方，請求大師指點，在興奮之際，大師自然不吝賜教，於是金某既達到了結交的目的，又增長了許多見識，並解決了心中存在的疑惑，可謂一舉多得。

這裡金某就在有求於人時，巧妙運用了讚語。自己所稱讚的，正是對方引以為傲並最感興趣的，自然使對方感到高興，使其心理得到滿足，此時，金某的問題也就不成問題了。當然，這只是生活中的一個方面，如果運用恰當，在生活的方方面面，都能行得通。

4．讚美，為人處世的最佳權術

讚美是拉攏人際關係最好的方法，又是拉近彼此距離的最好辦法，要想在為人處世中更加順暢就要善於運用這種藝術。

林肯說過：「每個人都喜歡讚美。」讚美之所以得其殊遇，一在於其「美」字，表明被讚美者有卓然不凡的地方；二在於其「讚」字，表明讚美者友好、熱情的待人態度。人類行為學家約翰 · 杜威也說：「人類本質裡最深遠的驅策力就是希望具有重要性，希望被讚美。」因此，對於他人的成績與進步，要肯定，要讚揚，要鼓勵。當別人有值得褒獎之處，你應毫不吝嗇給予誠摯的贊許，以使得人們的交往變得和諧而溫馨。

歷史上，大衛和法拉第的合作是一個典範。雖然有一段時間，法拉第的突出成就引起大衛的嫉妒，但其二人的友誼仍被世人所稱道。這分情緣的取得少不了法拉第對大衛的真誠讚美這個原因。法拉第未和大衛相識前，就寫信給大衛：「大衛先生，您的演講真好，我簡直聽得入迷了，我熱愛化學，我想拜您為師……」收到信後，大衛便約見了法拉第。

後來，法拉第成了近代電磁學的奠基人，名滿歐洲，他也總忘不了大衛，說：「是他把我領進科學殿堂大門的！」

可以說，讚美是友誼的源泉，是一種理想的黏合劑，它不但會把老相識、老朋友團結得更加緊密，而且可以把互不相識的人連在一起。

在潛意識裡，我們都渴望別人的眼睛，渴望別人的讚美。這是每個人都會有的願望。由此而及彼，別人也渴望我們的讚美。所以，學會讚美別人往往會成為你處世的法寶。

讚美是說話的這樣，一旦你了解了對方，再巧妙使用讚美語言，就能夠賺技巧。學會讚美別人，才能賺得人心，才能做你想做的事，讓他人為你服務。

生活中的確是得他人的欣賞，希臘船王歐納西斯就是一個善於讚美別人的人。

沙烏地阿拉伯地底下蘊藏著大量的石油資源，為從那裡爭取到石油的開採權，歐美各大石油公司紛紛到沙烏地阿拉伯王宮，去見國王薩烏德。希臘船王歐納西斯也想加入這一競爭行列。他事先接觸了國王的親信，透過他們從側面要求晉見國王，他的請求終於得到了許可。見到薩烏德國王後，歐納西斯用讚美的口吻說：「沙烏地阿拉伯真是一個富庶的國家，這是與您的英明領導分不開的。我不是為爭取石油的開採權而來的，而是為了貴國未來的繁榮來拜見陛下您的。」為了應付蜂擁而到的各大採油公司，薩烏德國王已被弄得煩躁不堪，當他聽到這些讚美的言辭後，臉上漸漸呈現出悅色。

接著，歐納西斯進言道：「獲得石油開採權的公司必須用沙烏地阿拉伯公司的船運送，請陛下與他們交涉時列入這項條件。」

「可是我們國家沒有船啊！」薩烏德說。

「這個您不用擔心，貴國所需船隻完全由敝公司提供。」國王很欣賞歐納西斯的策略，很高興的和歐納西斯簽訂了合約。

船王歐納西斯之所以能在眾多的競爭者中獲得成功，就是因為他看懂了國王的心，並予以適當的讚美，便在競爭中獲勝。由此可見，如果你學會了讚美別人，你就能贏得別人的欣賞，從而擁有了開啟成功之門的鑰匙。

5．讚美能給人力量

英國著名戲劇家莎士比亞曾說：「人們的耳朵不能容納忠言，但讚美卻容易進去。」

英國前首相邱吉爾這樣說：「你要別人具有怎樣的優點，你就要怎樣的去讚美他。」

從前，一個村莊裡有兩個獵人，有一天兩人分別打到兩隻兔子回家。獵人甲的妻子看見冷漠的說：「你一天只打到兩隻野兔嗎？真沒用！」甲獵人不太高興，心裡埋怨起來，你以為這兩隻兔子很容易打到嗎？第二天他故意空手而回，讓妻子知道打獵是件不容易的事情。獵人乙的情況則不同，他的妻子看到他帶回了兩隻兔子，歡天喜地：「你一天打了兩隻野兔嗎？真了不起！」乙獵人聽了滿心喜悅，心想兩隻算什麼，結果第二天他打了四隻野兔回來。兩句不同的話，產生了完全相反的結果。可見讚美是能夠給予人力量。

妻子對自己丈夫的稱讚，都是對丈夫的一種激勵，這比直接「教訓」的言語，更能推動他滿懷激情去把事情做好。反之，如果像獵人甲妻子那樣一味暴露、責備、埋怨，只會使男人的意志更加消沉，更加自卑，更加無地自容，更加不思進取，並最終一事無成。

「人類本質裡最深遠的驅策力，就是希望具有重要性。」美國哲學家約翰 ‧ 杜威說。讚美的力量如此神奇，主要是因為對方的自尊心得到了滿足。戴爾 ‧ 卡內基認為，正常人有健康和生命的保護、食物、睡眠、性生活的滿足、子女們的安全、自重感等基本需要，而既深切又難得滿足的是自重感，這是一種痛苦的，而且急待解決的人類「飢餓」，如果誰能誠摯滿足這種內心飢餓，誰就可以將人們掌握在他自己手掌之中。

著名心理諮詢專家凱蘇拉曾救助過一個近似廢物的啞巴，他的名字叫艾理。凱蘇拉每天注意觀察艾理的舉止，並及時對他所表現出的任何良好的言談舉止給予鼓勵和讚揚，對他最微小的健康表現以及他臉上和嘴上的任何一點微小的動作都給予肯定。一點一點，一天一天，奇蹟終於出現了。三十一天之後，艾理能說話了，能大聲讀報刊書籍，而且對百分之九十的問題能正確回答，這就是讚美的力量。

6·讚美是最好的激勵棒

讚美可以給平凡的生活帶來溫暖和歡樂，可以給人們的心田帶來雨露甘霖，也可以給人帶來鼓舞，賦予人們一種積極向上的力量。所以團隊管理者千萬不要吝惜自己的語言，真誠去讚美每個人，這會讓團隊合作更加緊密，更有效率。

王虹大學畢業後被一家化妝品製造企業聘為銷售員。工作的前兩年，他的銷售業績不敢讓人恭維。但是，隨著對業務的逐漸熟練，加上和零售客戶溝通順暢，他的銷售業績就開始逐漸上升。到第三年年底，他根據與同事們的接觸，估計自己當屬全公司銷售的冠軍。不過，公司的政策是不公布每個人的銷售業績，也不鼓勵相互比較，所以王虹還不能被肯定。

第四年，王虹做得特別出色，到九月底就完成了全年的銷售任務，但是經理對此卻沒有任何反應。儘管工作上非常順利，但是王虹總是覺得自己的心情不舒暢。最令他煩惱的是，公司從來不告訴大家誰做得好誰做得不好，也從來沒有人關注銷售員的銷售業績。他聽說本市另外兩家化妝品製造企業都在做銷售競賽和獎勵活動。那些公司的內部還有通訊之類的小報，對銷售員的業績做出評價，讓人人都知道每個銷售員的銷售情況，並且表揚每季和每年的最佳銷售員。一對比到自己所在公司的做法，王虹就十分惱火。

不久，王虹主動找到日方的經理，談了他的想法。不料，日本上司說這是既定政策，而且也正是本公司的文化特色，從而拒絕了他的建議。

幾天後，令公司管理者吃驚的是，王虹辭職而去。而王虹辭職的理由也很簡單：自己的貢獻沒有被給予充分的重視，沒有得到相應的回報。正是因為缺乏有效、正規的激勵機制，這家公司無法對王虹做出肯定與讚美，也無法給予相應的獎勵，所以該公司失去了一名優秀的員工。

在日常生活中，人們常常忽略、羞於甚至不屑於讚美別人，在學校家庭生活中也一樣，很多家長老師總是很容易發現孩子的缺點，而忽視了孩子的閃光點。殊不知，讚美其實是一種極為有效的教育手段。

作家達爾科夫孩提時代是個極為膽怯、害羞的男孩，他幾乎沒有什麼朋友，對什麼事都缺乏自信。一天，他的老師布勞奇布置學生寫作文。今天他已無法回憶他寫的那篇課文有什麼獨到之處，或者老師給的評分究竟是多少，但他至今仍清楚記得，而且令他永生不忘的是布勞奇老師在他的作文的頁邊空白處寫了四個字：「寫得不錯」。這四個字竟改變了他的人生，他說：「在讀到這些字以前，我不知道我將來要做什麼，但讀了他的批註後，我就回家寫了一篇短篇小說，這是我一直夢寐以求，但從來不相信自己能做的事。」在中學剩餘的日子裡，他寫了許多短篇小說，經常將它們帶給布勞奇老師評閱。在老師不斷鼓勵下，達爾科夫成為了中學報紙的編輯，他的信心增加了，視野擴大了，他開始了一種充實的生活，並最終成為了一名作家。

美國著名心理學家威廉 · 詹姆斯研究發現：「人類本性中最深刻的渴求就是受到讚美。」作為成長中的個體，學生身上的不良習慣和弱點是難免的，然而對於學生的種種問題，當老師們感到束手無策時，往往會採用批評的方法，結果情況越來越糟，如果適時採取讚美的方法，讓學生在「我是好學生」的心態中成長，則會充分挖掘他們的潛力。

請不要吝嗇讚美，因為讚美是春風。它使人溫馨和感激；請不要小看讚美，因為讚美是火種，它可以點燃心中的憧憬與希望。

7·讚美是最值錢的本事

美國「鋼鐵大王」卡內基，在一九二一年付出一百萬美元的超高年薪聘請一位執行長夏布。許多記者訪問卡內基時問：「為什麼是他？」

卡內基說：「因為他最會讚美別人，這也是他最值錢的本事。」

一位美國青年去長島探望親戚，有一天他與妻子的姑媽在家中閒談。青年熱忱的讚美老姑媽家的老房子，問：「這棟房子是一八九〇年建造的嗎？」老姑媽回答：「正是那年建造的。」青年說：「這使我想起，我出生的那棟房子——非常美麗，建築也好。現在的人都不講究這些了。」青年的話使老姑媽十分高興，她懷著回憶的心情說:「這是一棟理想的房子，我們夢想了多少年，沒有請建築師，完全是我和我丈夫設計的。」高興之中，她帶著青年去各個房間參觀，青年對她珍藏的法國式床椅、英國茶具、義大利名畫和一幅曾經掛在法國封建時代宮堡裡的絲質帷幔大加讚美，使得老姑媽笑顏逐開，她執意要把她的一輛嶄新的汽車送給青年。青年不肯接受老人的汽車。老姑媽堅持說：「這部車子是我丈夫去世前不久買的，自從他去世後，我一直沒有坐過，你愛欣賞美麗的東西，我願意送給你。」年輕人瞠目結舌，他沒有想到自己的讚美會使姑媽這樣有感觸，更令他難以想到的是「讚美也能出效益」。

人總是喜歡被讚美的，無論是六歲的孩子，還是古稀的老人都一樣。讚美是欣賞和感謝，它給人的喜悅是無法比擬的，一張冷漠的面孔和一張缺乏熱情的嘴是很令人失望的。因此讚美也是一種很難得的競爭力，具有這種能力的人也就具備了競爭力。

當你去求人做事時，一定要運用好讚美的武器，因為他可以使你與對方進行有效的溝通和縮短彼此的距離。讚美往往是求人或者打開局面的先行者，一定要加以利用。

柯達公司的伊斯曼發明了透明膠片後，電影的製作獲得了真正的成功，同時也使他本人成為巨富。但他和普通人一樣仍然渴求著別人的讚賞。伊斯曼建造伊士曼音樂學院和凱本劇場紀念他的母親。紐約優美座椅公司經理愛達森希望能承包該劇場的座椅工程。但是伊斯曼極忙，非常嚴肅，脾氣又大，如果你占用了他五分鐘以上的時間，你就別打算做成這筆生意了。當愛達森被引進伊斯曼的辦公室，他正忙於工作，抬起頭摘下眼鏡問來人有何見教？愛達森說：「伊斯曼先生，我很羨慕你的辦公室，如果我有這樣一間辦公室，我一定很高興在裡面工作。我是從事室內木製品經營的，我從來沒有見過這麼漂亮的辦公室。」

伊斯曼很高興：「謝謝你提醒了我已經差點忘了的事，這間辦公室我確實非常喜歡。可現在工作忙，沒把太多精力放在這上面。」接著他興致勃勃向愛達森介紹起辦公室的英國橡木壁板、自己設計的室內陳列等。從辦公室的設計又談到慈善捐贈和自己的創業過程。五分鐘早就已經過去了，愛達森自然也就獲得了自己想要的合約。

8．讚美要有尺度

在現實生活中，我們時常會聽到別人的讚美，也曾讚美過別人，讚美是一種心情，是一種品德，是一種境界；被讚美是一種快樂，是一種幸福。無論是威震天下、德高望重的帝王將相，還是默默無聞、平庸無為的凡民俗子，都希望得到別人的讚美，都需要別人的讚美，但要講求方法方式。

有一個理髮店的店主很會奉承人。碰到頭髮密的，她說：「您的頭髮真棒，好密啊。」碰到頭髮稀的，她又說：「您的頭髮真不錯，髮質好。」

一個顧客問她：「你逢誰都說人家頭髮好，從專業的角度來說，到底什麼樣才算是好頭髮？」

她猶豫了一下說：「要聽真話嗎？」顧客點點頭。她說：「說真的，我覺得您這樣中間禿頂的最好，既能照顧我們生意，理起來又不麻煩。」

聽了他的話，顧客心理很是不舒服，覺得這是一種諷刺。從此再也不來了。

所以，在人際交往中，奉承的話一定要巧說、妙說，切忌過分誇張或不切實際一味吹捧，否則，就會被人誤解，無疑會影響你的良好人際關係。

真誠的、發自內心的讚美是融洽人際關係的調和劑，是一種最有效的感情投資，而奉承就是讚美的另類形式。但是，一直以來，許多人都有一種偏見，即把那些善於說奉承話的人一律稱之為「馬屁精」，好像這些人人格多麼低下，多麼不恥於和人們相提並論似的。其實，這是對人際關係的一種誤解。仔細觀察你就會發現，周圍的人或多或少都在說著奉承的話，只不過是方式比較巧妙而已。就人際關係日益複雜的今天來說，多說些恰到好處的奉承話不僅不是壞事，而且是好事。

比如，一位精明的服裝店老闆往往會說：「夫人真是好眼光，這是我們這裡最新潮的款式，穿在您身上，一定會更加漂亮！」幾句話，這位太太肯定眉開眼笑，生意自然也就做成了。一位推銷化裝品的推銷員會說：「小姐氣質真好，小姐這麼好的皮膚我還從來就沒有見過，小姐選擇了我們公司生產的一系列護膚品，將能更好保護你的皮膚」。

不過，奉承別人首要的條件，是要有一分誠摯的心意及認真的態度。言詞會反映一個人的心理，因而有口無心，或是輕率的說話態度，很容易為對方識破，並讓對方產生不快的感覺。再者，要奉承別人時，也不可講出與事實相差十萬八千里的話。如果讚美的方法得當，就會使人聽到讚美的話心裡很愉快，否則的話，甚至會起到相反的作用。如「喲！你的新衣服真好看，襯著你的黑皮膚正合適！」聽者不認為你是在讚美她的新衣服，而理解為你是在變相諷刺她皮膚黑，這樣的讚美話還不如不說。

讚美是一種藝術。讚美他人要首先發現他人的長處，絕不可隨心所欲、信口稱讚，更不能讚美別人的缺陷。讚美話怎樣才能讓人聽起來舒服，須動動腦筋在巧說上下功夫。肥胖的人不能讚美他苗條，醜陋的人不能讚美他美貌。也可能他既沒有較好的容貌，也沒有苗條的身材，但他可能具有別人所不具備的美德與能力。所以讚美人一定要找出他的長處，方可對症下藥，對方才樂意接受。

9・背後讚美效果最佳

聰明的人總是當面讚美別人，肯定別人；更聰明的人總是在背後去讚美別人，肯定別人。

真誠坦白直接讚美別人，固然能取得效果，但是背後讚美則能收到更好的效果。因為那樣的讚美更真實，是真正發自內心的，聰明的女人總是善用這一技巧。要讚美一個人，當面讚美固然能起到作用，但背後讚美的效果更明顯。

在《紅樓夢》中有這樣一段描寫：

本來寶玉就是一個追求自由，受不得半點約束的人，史湘雲、薛寶釵卻用心良苦勸寶玉好好學習，以後做官，寶玉對此大為反感，對著史湘雲和襲人讚美黛玉妹妹說：「林姑娘從來就沒有說過這樣的混帳話！要是她也說這些混帳話，我早就和她分了。」

恰巧黛玉此時走到窗下，聽到了寶玉對自己的讚美，「不覺又驚又喜，又悲又嘆。」之後寶玉和黛玉二人互訴衷腸，更加親密無間。在黛玉看來，寶玉在背後讚美自己，而且不知道自己會聽到，這種讚美就是發自內心的。如果寶玉當著黛玉的面說這樣的好話，生性多疑的黛玉可能會認為寶玉是在討好她或打趣她。

背後的讚美，首先說明你沒有一點的功利性，只是「無意」中說了別人的好話，對於你這種由衷的讚嘆，可以想像到被讚美者「輾轉」聽到你的讚美之詞，心裡該是多麼的激動和高興。由此可見，背後說別人好話明顯要比當面恭維別人效果好得多。

從前，有個性格非常古怪的縣令，他每一次發布新政令，都要求下屬交口稱讚。開始的時候，下屬們稱讚縣令時，縣令非常高興。但時間長了，縣令就覺得很不過癮，因為下屬們每次稱讚都是那幾句話。

有個聰明的下屬看出了縣令的心事，於是想辦法來點「新鮮的」，好讓縣令高興高興。

一天，縣令又發布了新的政令。這一次，這個聰明的下屬並沒有像以往那樣當面稱讚縣令，而是故意在一旁悄悄對別人說：「凡是身居高位的人，大多喜歡別人的奉承，只有我們老爺不是這樣，他一向對別人的稱讚都不放在心裡。」

縣令從別人那裡聽到了這個下屬的話，心裡非常高興，馬上喚來這個下屬說：「好啊，知道我心裡想的，還是只有你。」

很快，這個聰明的下屬便受到了縣令的重用。

背後讚揚別人為什麼比當面讚揚更有效果呢？因為大多數人都覺得，當面說的壞話不算壞話，背後說的好話才是好話。所以人們更容易相信背後的好話，會更加欣賞那些在背後說自己好話的人。因此背後頌揚別人，比當面讚揚更為有效。

由於讚美來自背後，受讚美的人不在現場，所以不會讓人以為這是假情假意或諷刺奚落。這種來自背後的讚美，會使人感到真誠、感到振奮、感到「甜蜜」。可見，背後的表揚和讚美的確具有神奇的效力。如果你想讓別人增加對你的好感，就學會在背後讚揚他吧。

10．善於從小事上稱讚

大千世界，芸芸眾生，每個人只不過是滄海之一粟。在我們周圍，偉人名人畢竟是鳳毛麟角，大部分人還是凡夫俗子了，不可能每個人都轟轟烈烈。真正聰明的人善於從小事上稱讚別人，而不是一味搜尋了不起的大事。

從小處著手誇獎別人，不僅會給別人以出乎意料的驚喜，而且可以使你獲得關心、體貼入微的形象。一位服裝店的職員發現新上架的一件衣服做工有問題，及時把它轉移到顧客看不見的角落裡。值班經理誇她為公司著想，維護公司的榮譽，還決定給她加獎金。這位職員簡直有些受寵若驚之感，到處讚揚那位經理眼快心細，自己的一點小成績也逃不過她的眼睛，在這樣的公司工作才有價值感。這位職員從經理的稱讚中所獲得的，不僅是受獎後的快樂，更多的是對這位經理關心的感激，使她感受到自己生活、工作在一個溫暖的集體之中，從而激發了她的工作熱情，增強了責任心。

當然，並不是所有小事都值得讚美。否則，你的稱讚就會被別人認為大驚小怪。從小事情上讚美別人，需要把握一定的技巧。

(1) 要善於發現小事的重大意義。單就小事而論，它不可能有多大意義。但如果用聯繫的觀點來認識問題，卻會發現一件小事往往會引發重大的事情，或具有重大的意義。

(2) 要留心觀察，細心思考。因小事往往很容易被人們忽視。要想從小事讚美別人首先必須自己做一位有心人，善於發現讚美的題裁，發掘潛藏於小事背後的重大意義。這就要留心觀察，細心思考。

小事猶如一塊塊未經雕琢的璞玉，如果你不留心鑑別，它就永遠埋藏於土層或山野中，人們很難發現其價值所在。那麼我們的社會便會如同山野般荒涼而無溫情，置身其中，猶如繁華的沙漠。相反，如果人人都去挖掘一滴水中的世界，那麼，在彼此的讚美中，人們獲得的是人世間蕩漾的溫情。

(3) 讓更多的人知道。在特定情況下，發生在兩人之間的一件事情，似乎不足掛齒。你事後若再提起它，自認為曾受益匪淺，但曾給予你的人卻或許認為微不足道。而且，你們已是以誠相見的老朋友，某些稱讚在人看來是客套甚至俗套，畫蛇添足。這種事情，你不妨找一個合適的機會當眾宣布，這才為上策。

(4) 排除遮擋視線的障礙。大多數人不願從小事上稱讚別人，這是因為現實中有許多障礙遮住了他們的視線。

第一，分工不同，責任不同，使人們認為別人做的事都是「分內」的事，「應該」的事，不值得大驚小怪。做不好應受批評，做好了就算盡責。在這種心理的驅使下，很多人不能正視別人的小成績。

第二，有人胸懷治國平天下的大志，對於「小打小鬧」不以為然。認為那些事情沒什麼了不起，小菜一碟，形同虛無。

第三，「熟人效應」。周圍的人對大家來說，太熟了，要麼就是區區小事不足掛齒，不需說什麼；要麼就是熟視無睹。每天我們走在乾乾淨淨的馬路上去上班，都認為這無所謂，髒了還罵清潔工。父母為你嘔心瀝血，擺平生命道路上的坎坷，我們卻只知衣來伸手，飯來張口，他們在你眼裡，是「隱形人」，同事、朋友時時都在關照你，你卻受之泰然。

第三章
交談藝術

在生活中，與人交流是避免不了的，想知道說什麼、怎麼說，什麼話能說、什麼話不能說，都是需要用心琢磨，講些技巧。

1・交談時，實話有時不能實說

生活中，有些人往往不受人歡迎，這也與他喜歡實話實說分不開的。

辦公室文員小寧就是一個說話沒「心計」的人，她性格非常內向，平時不太愛說話。當有人就某件事情徵求她的意見時，她往往突然間說出來的話會很「刺」人，而且她的話總是在揭別人的短處。

一次，一位女同事穿了件新衣服，其他人都稱讚「漂亮」、「合適」之類的話，問及小寧，她不假思索的說：「一般！我覺得這種顏色你穿有點豔，還有，你太胖了，看起來有點緊。」

當事人很生氣，而且其他大讚衣服「怎樣怎樣好」的同事也很尷尬。這完全是由於小寧不懂得玩技巧，說話「太真實」。雖然有時小寧會為自己說出的話後悔，可在發表意見時，她仍然管不住自己，總是把別人最不愛聽的話突然間說出來，讓人不好接受。時間一久，同事們便把她排除在集體之外，都不願意和她說話，結果公司裡幾乎無人主動搭理她。

每個人都希望別人能對自己說實話，但在某些特定的場合下，如顧及面子、自尊，以及出於保密等，實話實說往往會令人尷尬，傷及自尊。怎麼辦呢？實話是要說的，卻應該「巧說」！

因此，在說實話的時候，要巧妙表達，說出既讓人聽了順耳、又讓人能夠接受的話。

2．交談時，要說三分話

俗話說：「逢人只說三分話，留下七分自己賞。」有些人也許以為大丈夫光明磊落，事無不可對人言，何必只說三分話呢？老於世故的人知道話只說三分，時刻都會為自己留條後路，你一定認為他們是狡猾，是不誠實，其實這是最機智的做法。

孔子曰：「不得其人而言，謂之失言。」對方倘若不是相知的人，你也暢所欲言，逞快一時，對方會如何反應呢？你說的話，是屬於你自己的事，對方願意聽你嘮叨嗎？

有生活經驗的人，一般都只會說三分話，逢人只需說出三分話，不是不可以說，而是不需要說、不必說、不應該說。這與「事無不可對人言」沒有什麼衝突。只說三分話，留下七分自己慢慢揣摩、欣賞才是明智之舉。

說話前須看對方是什麼人，如果對方不是可以盡言的人，你說三分真話，已不為少。

彼此關係淺薄，你與之深談，顯出你沒有修養；你說的話涉及對方的事，你不是他的摯友，不配與他深談，忠言逆耳，顯出你的冒昧；你說的話是屬於國家大事，你沒有搞清對方的立場就高談闊論，這樣更容易招災惹禍。所以逢人只說三分話。

由此可見，說話也是一門藝術，話說好了萬事好，話說壞了毀前程。所以，在說話前必須考慮清楚，想好了再說，否則，別人會認為你是個有口無腦、缺心少肺之人。

有時你的三分話，正體現了你的職業道德。經辦銀行業務的人，其業務的大概情形，或許可以對人提及，對於存款人的姓名與存款額，你是絕對不可對別人提起的。這是銀行職員的職業道德。

這些例子還有很多。有時你因為不能遵守只說三分話的戒條，釀成大禍，往往使你的精神大受折磨，甚至於蒙受更大的損失呢。

如果你從事的是機密工作，或者特殊的行業，對人只說三分話，還要侷限在重要話題之外。重要話題是一字都說不得的，你說的三分話，應該是風花雪月，應該是柴米油鹽，應該是上天入地，應該是稗官野史。總而言之，應該是無關緊要的材料，無關緊要的材料，雖是說得頭頭是道，興味淋漓，說得皆大歡喜，其實是言之無物，不會引來什麼煩惱。

言有盡而意無窮，有情盡在不言中，告訴別人你話中有話，這就是話說三分、點到為止的藝術，這不失為一種大智慧，既指出對方的錯誤，又保全了對方的面子，還打動了對方的心。

3．聊天時也要講究方法

聊天，也稱作閒談，是人們在業餘生活中經常運用的休息方式。工作之餘，在綠蔭下、庭院前、小河邊，與親人、朋友、同事、鄰居們聊聊天，調節一下緊張的情緒，也是一種難得的精神享受。

在日常生活中，與人聊天是一種常用的聯絡感情方式。聊天一般是指沒有明確目標的即興式交談。跟不同行為、不同輩分的人聊天，往往會得到許多新的資訊，甚至使我們觸類旁通，使有些久思不得其解的問題一下子豁然開朗。

聊天還有調節心理、愉悅情懷的奇特功效。如果你有什麼事愁悶不快的話，透過和熟人聊天，可以一吐胸中悶氣，達到開釋情懷、平衡心理的作用。

聊天為相識的人之間溝通思想，加深對對方生活、興趣和經驗的了解，提供了交流的機會，也為不相識的人之間彼此相識和了解，提供了交際機會。總之，聊天能聯結友誼，密切交往，尋找伴侶，協調關係。可以說，聊天是人際交往中不可缺少的手段。

古人有「與君一席話，勝讀十年書」的佳句。一次有益的聊天，並不亞於讀一篇好文章。所以，與人聊天是一件大快事。但是，聊天要聊出名堂，確有收穫，還得費點心思。

一般來說，聊天沒有什麼明確的目的。但從微觀角度來講，閒聊未必就是「閒」聊，而是有目的的資訊和情感交流。帶有一定的目的，你就能及時而又恰到好處發問，隨時調整聊天的內容。

要注意選擇合適的「聊友」。聊天要做到格調高雅，聊得有水準，善於選擇聊友是重要的一環。一般來說，聊友的素質決定了聊天的品質。德國偉大作家歌德，幾十年如一日，與其祕書愛克曼每天都要聊會兒，那些天才的機智許多是從閒聊話語中誕生的。他嘲弄世俗，譏諷醜惡，以珠玉般的格言綴串成令後人驚嘆不已的《歌德談話錄》。

當然，現實生活中，不可能每次聊天都有「聊友」在場，所以，選擇聊友的圈子不能太小。和水準相當的人，甚至低於己者聊天也不無長進。大可不必囿於己見，拘於一格，而以廣開「耳路」，泛論群言為好。

選擇合適的聊天話題。通常情況下，與學者聊天，可以講些輕鬆、幽默的奇聞軼事；與主婦們聊天，可以講講市場的行情與子女的教育問題；與老人聊天，可以談談養生之道、保健方法，甚至愉快的往事；與青年聊天，可以探討事業、友誼及一切時髦話題；與孩子聊天，可以講講童話、寓言等；與一般人聊天，可以閒話家常。

一般說，聊天的範圍不受限制，這當然不包括庸俗低級、格調低下、無意義、無價值的話題。搬弄是非，貶低他人，也是不足取的。對方的缺點和不喜歡的人或事不應作為聊天的話題。

而且，一般說，聊天不受時間地點限制，但在公眾場合聊天，或喜慶時節大談悲傷之事也是不受歡迎的。

需要注意的是，聊天時，不要提出一些挑戰性的問題，免得引起激烈爭論，弄得不歡而散。不要自以為是，用教訓人的口氣說話，如果幾個人一起聊天，還要注意讓大家都有發言機會。

這樣，掌握聊天的規則，能「聊」出的情誼，聊出資訊，聊出人生經驗。

4·不同的人要說不同的話

有一句經典的話這樣說：「一樣的米養百樣的人。」從人物性格的多重性差別性來看，這句話很正確也很實用——在社交中必須要針對不同的人做不同的分析，針對不同的人說不同的話。

常言道，到什麼山唱什麼歌，見什麼人說什麼話。一個真正懂得說話的人，不見得字字珠璣、句句含光，但是，他總是能夠說出對方想聽的話。如果你了解了下面這七種類型的人，就明白了與這些人該怎樣說話。

（1）面對死板人

這種類型的人，就算你很客氣和他打招呼、寒暄，他也不會做出積極的反應來。他通常不會注意你在說些什麼，甚至你會懷疑他聽進去沒有，你是否也遇到過這種人？和這種人交際，剛開始多多少少會感覺不安，但這實在也是沒辦法的事。

遇到這樣情況，你就要花些時間，仔細觀察、注意他的一舉一動，從他的言行中，尋找出他所真正關心的事來。你可以隨便和他閒聊，只要能夠使他回答或產生一些反應，那麼事情也就好辦了。接下去，你要好好利用此話題，讓他充分表達自己的意見。

每一個人都有令他感興趣、關心的事，只要你稍一觸及，他就會開始滔滔不絕說下去，此乃人之常情，故你必須好好掌握並利用這種人性心理。

（2）面對傲慢無禮人

有些人自視清高、目中無人，時常表現出一副「唯我獨尊」的樣子。像這樣舉止無禮、態度傲慢的人，實在讓人看了生氣，是最不受歡迎的典型。但是，當你不得不和他接觸時，你要如何對付他？

對付這一類型的人，說話應該簡潔有力才行，最好少跟他囉嗦，所謂「多說無益」。因此，你要盡量小心，以免掉進他的圈套裡去。

不要認為對方客氣，你也禮尚往來待他，其實，他多半是缺乏真心誠意的。你最好在不得罪對方的情況下，言詞盡可能簡潔。

（3）面對沉默寡言的人

和不愛開口的人交涉事情，實在是非常吃力的；因為對方太過沉默，你就沒辦法了解他的想法，更無從得知他對你是否友好。對於這種人，你最好採取直截了當的方式，讓他明確表示「是」或「不是」，「行」或「不行」，盡量避免迂回式的談話，你不妨直接問：「對於A和B兩種辦法，你認為哪種較好？是不是A方法好些呢？」

（4）面對深藏不露的人

我們周圍存在有許多深藏不露的人，他們不肯輕易讓人了解其心思，或知道他們在想些什麼，有時甚至說話不著邊際，一談到正題就「顧左右而言他」。

雙方進行交涉，其目的乃在了解彼此情況，以便任務圓滿達成。因此，要經常挖空心思去窺探對方的情報，期待對方露出他的「廬山面目」來。

但是，當你遇到這麼一個深藏不露的人時，你只把自己預先準備好了的資料拿給他看，讓他根據你所提供的資料，作出最後決斷。

人們多半不願將自己的弱點暴露出來，即使在你要求他供出答案或提出判斷時，他也故意裝作不懂，或者故意言不及義閃爍其詞，使你有一種「高深莫測」的感覺。其實這只是對方偽裝自己的手段罷了。

（5）面對草率決斷的人

這種類型的人，乍看好像反應很快：他常常在交涉進行到最高潮時，忽然做出決斷，予人「迅雷不及掩耳」的感覺。由於這種人多半是性子太急了，因此，有的時候為了表現自己的「果斷」，決定就會顯得隨便而草率。

像這樣的人，經常會「錯誤領會別人的意圖」，也就是說，由於他的「反應」太快，每每會對事物產生錯覺和誤解。其特徵是：沒有耐心聽完別人的談話，往往「斷章取義」，自以為是作出決斷。如此，雖使交涉進行較快，但草率作出的決定，多半會留下後遺症，招致意料不到的枝節發生。

從事交涉，總是要按部就班的來，倘若你遇到上述這種人，最好把談話分成若干段，說完一段之後，馬上徵求他的同意，沒問題了再繼續進行下去，總之你要瞻前還要顧後，如此才不致發生錯誤，也可免除不必要的麻煩。

(6) 面對冥頑不靈的人

頑強固執的人是最難應付的，因為無論你說什麼，他都聽不進去，只知堅持自己的意見，死硬到底。跟這種頑固分子交手，是最累人且又浪費時間的，結果往往徒勞無功。因此，在你和他交涉的時候，千萬要記住「適可而止」，否則，談得愈多、愈久，心裡愈不痛快。

對付這種人，你不妨及時抱定「早散」、「早脫身」的想法，隨便敷衍他幾句，不必耗時自討沒趣。

(7) 面對行動遲緩的人

對於行動比較緩慢的人，最需要耐心。與人交際時，可能也會經常碰到這種人，此時你絕對不能著急，因為他的步調總是無法跟上你的進度，換句話說，他是很難達到你的預定計畫的。所以，你最好按撩住性子，拿出耐心，盡可能配合他的情況去做。

此外，應該注意的是：有些人言行並不一致，他可能話語明快、果斷，只是行動不相符合罷了。

（8）面對自私自利的人

這世上自私自利的人為數不少，無論你走到哪兒，總會遇到幾個。這種人心目中只有自己，凡事都將自己的利益擺在前面，要他做些於自己無利的事，他是絕不會考慮的。

當我們不得不與其接觸、交涉時，只有暫時按捺住自己的厭惡之情，姑且順水推舟、投其所好。當他發現自己所強調的利益被肯定了，自然就會表示滿意，如此，交涉就會很快獲致成功。

俗話說：打狗還要看主人。會說話的人都懂得見什麼人說什麼話，進什麼廟念什麼經，這才是說話獲得成功的關鍵所在。

5．談話要看場合

同樣說話的內容，由於場合的不同，說話的方式也應不同。只有依據不同的場合，選取最恰當的詞語，才能準確表達自己的思想感情。也只有這樣才能把話說得左右逢源，滴水不漏。

有一個笑話，一個叫劉大的人五十大壽，他想請幾個朋友來熱鬧熱鬧。生日那天，劉大特地邀請好友張三、李四、王五和趙六來家聚餐。幾位朋友都來了，就剩趙六還沒有到。酒席已經擺好，大家坐著等趙六。等了好一會兒，總不見趙六來。劉大心裡很著急，脫口說出：「哎！該來的不來。」話一出口，張三不禁多想，他想：既然趙六是該來的沒有來，那我就是不該來的了！於是，起身就走了。劉大看到張三走了，連忙說：「喂！不該走的又走什麼？」李四一聽，心想：張三是不該走的，看來我是該走的了。於是也起身便走。劉大見李四走了，兩手一攤對王五說：「我又不是說他倆該走。」王五一聽，心想：只剩下我一個了，一定是說我該走了。誰稀罕你這頓飯，請我來，又趕我走，真不夠朋友。於是王五也氣憤的走了。

劉大這下傻眼了，大聲在後面說：「你們怎麼都走了？」

劉大的生日沒好好過成，反而得罪了朋友，最後，還不明白是怎麼得罪的呢！

有的人口齒伶俐，在交際場合口若懸河，滔滔不絕，這固然是不少人所嚮往的。但如果說話不分場合，說錯了話，說漏了嘴，把事情搞糟，那是最不合算的事。所以說話要看場合，要注意以下幾種場合的區分：

（1）自己人場合和外人場合

對自己人「關起門來談話」，可以無話不談，甚至可以說些放肆的話，什麼事都好辦。而對外面的人，總懷有戒心，「逢人只說三分話，未可全拋一片心」。

（2）正式場合與非正式場合

正式場合說話應嚴肅認真，事先要有所準備，不能胡說八道。非正式場合下，便可隨便一些，像聊家常一樣，便於感情交流，談深談透。有些人說話文縐縐，有人講話俗不可耐，就是沒有把握正式場合與非正式場合的界限。

（3）莊重場合與隨便場合

「我特地來看你」，顯得很莊重；「我順便來看你」，有點隨隨便便看你的意思，可以減輕對方負擔。可是，在莊重的場合說「我順便來看你」就顯得不夠認真、嚴肅，會給聽話者蒙上一層陰影。在日常生活中，明明是「順便來看你來了」，偏偏說成是「特地看你來了」，有些小題大做，讓對方增加心理負擔，對方或許就會因此而不幫助你了。

（4）喜慶場合與悲痛場合

一般來說，說話應與場合中的氣氛相協調。在別人辦喜事時，千萬不要說悲傷的話；在人家悲痛時，不要說逗樂的話，甚至哼哼民歌小調，別人就會說你這人太不懂事了。

說話有「術」，「能說會道」也是一種本領。古有「一語千金」之說，也有「妙語退敵兵」之事。可見，會說、巧說是何等重要。我們應重視「說」的作用，講究「說」的藝術。注意語言的學習與積累，針對不同的場合，要選用最得體、最恰當的語言來表情達意，力爭獲得最佳的效果。

6．委婉談話是一種「軟化」藝術

在日常交談中，總會有一些人們不便、不忍或者語境不允許直說的話題，需要把「詞鋒」隱遁，或把「稜角」磨圓一些，使語意軟化，便於聽者接受。說話人故意說些與本意相關或相似的事物，來烘托本來要直說的意思。

委婉法是說話時的一種「緩衝」方法。委婉語能使本來也許是困難的交往，變得順利起來，讓聽者在比較舒坦的氛圍中接受資訊。因此，有人稱「委婉」是談話的一種「軟化」藝術。例如巧用語氣助詞，把「你這樣做不好！」改成「你這樣做不好吧。」也可靈活使用否定詞，把「我認為你不對！」改成「我不認為你是對的。」還可以用和緩的推託，把「我不同意！」改成「目前，恐怕很難辦到。」這些，都能起到「軟化」效果。

不懂心眼的人總是說話直來直去，不僅會傷人自尊，也會反傷自己，而會說話的人往往習慣於委婉表達，如同春風襲人般的溫存。溫言幾句既讓人喜歡，也能讓自己快樂。

如醫生幫人看病，遇到病情較嚴重而又診治不及時的病人，就直言道：「你怎麼這麼瘦哇！臉色也很難看！」「你知道你的病已經到了什麼地步了嗎？」「哎呀！你是怎麼搞的？你這個病為什麼不早點來看哪！」這些說法裡所包含的消極作用會使病人怎麼想呢？作為醫生這是「治病」還是「致病」呢？相反，如果換一種方式說：「幸好你及時來看病，只要你按時吃藥，多注意休息，放下包袱，相信你很快就會好起來的。」這將給病人很大的鼓舞。

又如，當妻子買了一件衣服徵求丈夫的意見，丈夫覺得妻子穿這件衣服不太合適，如果丈夫不尊重體貼妻子的心情，就會直接批評說：「你看你的審美觀真有問題，一把年紀了還穿這麼鮮豔的衣服，真像老妖婆。」這樣生硬、貶損的話必定會傷害妻子的自尊心。如果丈夫尊重體諒妻子的心情，就會把否定的意見說得委婉得體，給予暗示：「不錯，顏色真鮮豔，給女兒穿，那是很漂亮的。」

當你去拜訪朋友，主人熱情拿出水果、零食招待你，而你卻直言說：「不吃，不吃，我從來就不喜歡吃零食，再說我剛吃完飯，肚子飽得很，哪還有胃口吃這些東西。」這樣不僅讓人掃興，而且還傷了主人的自尊心。你應該體諒到主人的一片熱情和好意，委婉說：「謝謝，謝謝！真新鮮的水果，只可惜剛吃完飯，沒有胃口吃了，太遺憾了！」

總之，委婉說話不僅是一種策略，也是一門做人的藝術。說話委婉含蓄是做人的一個必要條件，也是待人圓滑的表現。作為一個現代人，應當有這種文明意識，掌握這一有利於人際交流的語言表達方式是很有必要的。

7．辦公室交談要注意細節

同在一個公司，處理好同事間的關係是非常重要的。關係融洽，心情就舒暢，這不但有利於做好工作，也有利於自己的身心健康。倘若關係不和，甚至有點緊張，那就沒滋味了。導致同事關係不夠融洽的原因，除了重大問題上的矛盾和直接的利害衝突外，平時不注意自己的言行細節也是一個原因。因此，在辦公室說話要注意以下細節：

（1）辦公室不是互訴心事的場所

有許多愛說、性子直的人，喜歡向同事傾吐苦水。雖然這樣的交談富有人情味，能使你們之間變得友善，但是研究調查指出，只有不到百分之一的人能夠嚴守祕密。所以，當你的個人危機和失戀、婚外情等發生時，你最好不要到處訴苦，不要把同事的「友善」和「友誼」混為一談，以免成為辦公室的注目焦點，也容易給老闆留下不好的印象。

（2）辦公室裡最好不要辯論

有些人喜歡爭論，一定要勝過別人才肯甘休。假如你實在愛好並擅長辯論，那麼建議你最好把此項才華留在辦公室外去發揮，否則，使你在口頭上勝過對方，但其實是你損害了他的尊嚴，對方可能從此記恨在心，說不定有一天他就會用某種方式還以顏色。

（3）不要成為「耳語」的散播者

耳語，就是在別人背後說的話。只要人多的地方，就會有閒言碎語。有時，你可能不小心成為「放話」的人；有時，你也可以是別人「攻擊」的目標。這些耳語，比如主管喜歡誰？誰又有緋聞等等，就像噪音一樣，影響人的工作情緒。聰明的你，要懂得，該說的就勇敢說，不該說就絕對不要亂說。

（4）常和一人「咬耳朵」

同辦公室有好幾個人，你對每一個人要盡量保持平衡，盡量始終處於不即不離的狀態，也就是說，不要對其中某一個人特別親近或特別疏遠。在平時，不要老是和同一個人說悄悄話，進進出出也不要總是和一個人。否則，你們兩個也許親近了，但疏遠的可能更多。有些人還以為你們是小團體。如果你經常在和同一個人咬耳朵，別人進來你們卻不說了，那麼別人不免會產生你們在說人家壞話的想法。

（5）熱衷於探聽家事

能說的話人家自己會說，不能說的就別去挖它。每個人都有自己的祕密。有時，人家不留意把心中的祕密說漏了嘴，對此，你不要去探聽，不要想問個究竟。有些人熱衷於探聽，事事都想了解清楚，這種人是要被別人看輕的。你喜歡探聽，即使什麼目的也沒有，人家也會忌你三分。從某種意義上說，愛探聽人家私事，是一種不道德的行為。

（6）喜歡嘴巴上占便宜

在同事相處中，有些人總想在嘴巴上占便宜。有些人喜歡說別人的笑話，討人家的便宜，雖是玩笑，也絕不肯以自己吃虧而告終；有些人喜歡爭辯，有理要爭理，沒理也要爭三分；非要讓對方敗下陣來不可；有些人對本來就爭不清的問題，也想要爭個水落石出；有些人常常主動出擊，人家不說他，他總是先說人家。

（7）當眾炫耀只會招來嫉恨

有些人喜歡與人共用快樂，但涉及到你工作上的資訊，譬如，即將爭取到一位重要的客戶，老闆暗地裡給你發了獎金等，最好不要拿出來向別人炫耀。只怕你在得意忘形中，忘了有某些人眼睛已經發紅。

(8) 好事不通報

公司裡發獎品、領獎金等，你先知道了，或者已經領了，一聲不響坐在那裡，像沒事似的，從不向大家告知一下；有些東西可以代領的，也從不幫人領一下，這樣幾次下來，別人自然會有想法，覺得你太不合群，缺乏團結意識和協作精神。以後他們有事先知道了，或有東西先領了，也就有可能不告訴你。如此下去，彼此的關係就不會和諧了。

(9) 明知而佯裝不知

同事出差去了，或者臨時出去一會兒，這時正好有人來找他，或者正好來電話找他，如果同事走時沒告訴你，但你知道，你不妨告訴他們；如果你確實不知，那不妨問問別人，然後再告訴對方，以顯示自己的熱情。明明知道，卻說不知道，一旦被人知曉，那彼此的關係就勢必會受到影響。外人找同事，不管情況怎樣，你都要真誠和熱情，這樣，即使沒有起實際作用，外人也會覺得你們的同事關係很好。

(10) 可以說的私事故意隱藏

有些私事不能說，但有些私事說說也沒有什麼壞處。比如你的男朋友或女朋友的工作、學歷、年齡及性格脾氣等；如果你結了婚，有了孩子，就有關於愛人和孩子方面的話題。在工作之餘，都可以順便聊聊，這可以增進了解，加深感情。倘若這些內容都保密，從來不肯與別人說，這怎麼能算是同事呢？無話不說，通常表明感情之深；有話不說，自然表明人際距離的疏遠。你主動跟別人說些私事，別人也會對你一說，有時還可以互相幫幫忙。你什麼也不說，什麼也不讓人知道，人家怎麼信任你。信任是建立在相互了解的基礎之上的。

8．要會「談」情說愛

人們經常說「談情說愛」，也有的人會說「談戀愛」，但談戀愛最重要的是「談」。在戀愛中，有的人雖然談的也挺多，但卻不能將戀愛之舟駛向婚姻的幸福彼岸，其重要的原因就是不懂「談」的藝術。

（1）要把固執變成交流

在現實生活中，有些人說話很偏激而導致戀愛不能成功。小傑今年已經二十九歲了，周圍的同學、好友大部分都成家了，只有他還是一個「孤家寡人」。他不是不想結婚成家，他的各方面都很好，之所以談戀愛不會成功，最主要的原因是他談戀愛時說話太直，太偏極，從來不考慮對方感受。有一次，他和女朋友聊天，他說：「現在書店大部分的書都挺無趣的。」女友說：「我倒不這麼覺得。其實……」還沒等話說完，小傑就激動的說：「我堅持我的看法，這些書不好就是不好。」女友不說話了，尷尬極了。兩天後，對方就打電話來，請他不要再找她了。

有句話說得好：「仁者見仁，智者見智。」在談戀愛時，雙方都會遇到對某些問題存在不同看法的時候，這也是一種正常的情況。作為戀愛的一方，應抱著「我不同意你的觀點，但我尊重你的發言權」的心態，平等與對方交流，共同探討，而不能太偏激，固執己見，把自己的觀點強加於人。不如換一種說話方式，如果小傑能改變固執式為交流式，在聽到對方的不同觀點時，說一句「是嗎？不妨說說看。」對方定會為自己受到尊重而欣喜，又怎麼會出現分手的結局呢？

（2）要把指責變成理解

談戀愛時，要多一分理解，才能把握好愛情。一次李麗的一些朋友邀請她週末出去玩，還特別囑咐她帶上她的男朋友阿強，李麗興致勃勃打電話告訴阿強，但是阿強說：「小麗，我不能去，週末我要陪主管出差，下次吧！」李麗聽後頓生不悅，對著電話筒大聲說：「你好大牌啊，請都請不動，也太不給我面子了！」阿強聽了這話，默默放下電話，好長一段時間都沒有主動找過李麗。

在戀愛中，由於主觀或客觀原因，不可能自己的每個要求每次都得到滿足。當對方不能滿足自己的要求時，一定要保持冷靜，多一些理解，少些抱怨和指責。上面的故事中，李麗對阿強的邀請，阿強不是不想去，而是公務在身不能去。如果李麗能考慮到這一點，把指責變成一種理解，說出「我很遺憾你不能去，我原本想我們一定會玩得很開心，不過你工作重要，下次有時間再玩」等一類的話，雙方的關係非但不會受到影響，反而會使愛情更上一層樓。

(3) 要把懷疑變為關心

真正的愛情是需要雙方的信任，總持著懷疑的態度的愛情是不會成功的，劉豐與小枚經過一段時間的了解，雙方都對對方感到滿意。一天晚上，劉豐到小枚的住處去找她，發現她不在，就打電話給小枚的幾個朋友，結果都不知道小枚在哪兒。劉豐索性站在那兒等，一直等到十點，小枚才回來。見到小枚，劉豐劈頭就問：「你到哪去了，這麼晚才回來？你知道我很愛你，你可不能對不起我呀！」小枚聽了這話很生氣：「我怎麼對不起你了？我去公司加班了，你如果不信任我，那我們倆就分手吧！」兩人不歡而散。

真正的愛情建立在理解和信任的基礎上。上例中，不能說劉豐不愛小枚，但由於他不會表達自己的愛意，說出了一番「疑心」話。如果他能在小枚回來後，說出一番「小枚，你這麼晚回來，現在治安不好，我都擔心死了，以後如果沒有要緊事，晚上最好早點回來，好嗎」

等關愛雙方的話，對方聽後，感動還來不及，又怎會反感呢？

（4）變報憂為逗樂

在談戀愛時，說話要幽默些才能增加自己的魅力。前不久，李海的女友孟惠向他提出分手，由於李海的再三追問，她終於告訴他分手的原因，她說：「跟你在一起，我感到壓抑，生活也越來越無精打采。」原來，李海性格內向，對一些問題的看法也偏激一些，所以當他和女友在一起的時候，常常講些女友不感興趣或不喜歡的話題。比如：公司主管如何嚴厲、自己空有滿腹才華而懷才不遇、哪裡又發生搶劫殺人了等消極方面的話，往往說著說著就唉聲嘆氣，女友受他情緒的感染，也常常變得心情沉重，生活變得很低沉。時間一長，就覺得談戀愛好像變成了訴苦會，和他在一起感覺不到快樂，最後只有和他分手了。

在生活和工作中，每個人都會遇到一些不如意的事這很正常。有了煩惱並不可怕，關鍵是要主動去調適心理，特別是與心愛的人在一起時，要始終保持一個好心情，讓對方體驗到和你在一起的快樂、戀愛的美好。上例中，如果李海在與女友交談時，能夠把憂愁變成逗樂，多向對方談談生活中的一些趣事，時不時講些笑話和幽默，不僅會讓女友輕鬆、愉快，而且還會讓對方感受到他積極的人生態度，從而增強與他相處的快樂和共同面對人生風雨的信心，愛情自然也就會穩定了。

9．與陌生人談話的藝術

每天在汽車上，在電梯內或在行走中，當你開口與擦肩而過的人們談話時，你是否意識到你們的友誼可能就在此時開始產生呢？

人之本性喜好交往，追求友情。溝通成為人們生活不可缺少的手段。而語言又是溝通的最好形式。透過語言可以表達我們的善意，可以激發對方的好感。善於跟素昧平生者打交道，掌握「一見如故」的談話訣竅，讓我們能夠交到更多朋友。如何與素昧平生的人打交道呢，我們不妨從以下幾點入手：

1・說好開場白

初次見面的開場白，是留給對方的第一印象。說好說壞，關係重大。說開場白的原則是：親熱、貼心、消除陌生感。常見的有三種方法：

(1) 攀認式：赤壁之戰中，魯肅見諸葛亮的第一句話是：「我，子瑜友也。」子瑜，就是諸葛亮的哥哥諸葛瑾，他是魯肅的同事摯友。短短的一句話就定下了魯肅跟諸葛亮之間的交情。其實，任何兩個人，只要彼此留意，就不難發現雙方有著這樣或那樣的「親」、「友」關係。

(2) 敬慕式：對初次見面者表示敬重、仰慕，這是熱情有禮的表現。用這種方式必須注意掌握分寸，恰到好處，不能亂吹捧，不要說「久聞大名，如雷貫耳」一類的過頭話。表示敬慕的內容應因人、因時、因地而異。

(3) 問候式：「您好」是向對方問候致意的常用語，如能因對象、時間的不同而使用不同的問候語，效果則更好。對德高望重的長者，宜說「您老人家好」，以示敬意；對年齡跟自己相仿者，稱「老張，你好」，顯得親切；對方是醫生、教師，說「李醫生，您好」、「王老師，您好」，有尊重意味。節日期間，說「節日好」、「新年好」，給人以祝賀節日之感；早晨說「您早」、「早上好」則比「您好」更得體。

2．找出共同感興趣的話題

說好開場白，僅僅是良好的開始。要談得有味，談得投機，談得融洽，雙方必須確立共同感興趣的話題。有人認為，素昧平生，初次見面，何來共同感興趣的話題？其實不然。生活在同一時代，同一國土，只要善於尋找，何愁沒有共同語言？一位小學教師和一名泥瓦匠，兩者似乎沒有投機之處。但是，如果這個泥瓦匠是一位小學生的家長，那麼，兩者可就如何教育孩子各抒己見，交流看法；如果這個小學教師正要蓋房或修房，那麼，兩者可就如何購買建築材料、選擇修造方案溝通資訊、切磋探討。只要雙方留意、試探，就不難發現彼此有對某一問題的相同觀點、某一方面共同的興趣愛好、某一類大家關心的事情。有些人在初識者面前感到拘謹難堪，就因為沒有發掘共同感興趣的話題。

3．注意掌握對方的心理

要使對方對你產生好感，留下深刻印象，還必須透過察顏觀色，了解對方近期內最關心的問題，掌握其心理。例如，知道對方的女子今年學測考得不好，因而舉家不歡，你就應勸慰、開導對方，說說「榜上無名，腳下有路」的道理，舉些自學成才的實例。

如果對方子女決定明年再考，而你又有自學、學測的經驗，則可現身說法，談談學測複習需注意的地方，還可表示能提供一些較有價值的參考書。在這種場合，切忌大談榜上有名的光榮。即使你的子女已考入名牌大學，也不宜宣揚。

4·重視告別語的設計

有了良好的開場，也要有良好的收場。「再會」之類的告別語千篇一律，太俗太空，要努力設計能給對方留下深刻印象的告別語。如「祝您成功，恭候佳音！」良好的祝願會使對方受到鼓舞；「今天有幸結識您，願從此常來常往！」熱情洋溢的語言會使對方受到感染。

以上四條祕訣看似簡單，但要做好，還得遵循：情要熱，語要妙的原則。情熱，就是有滿腔熱情，直率真誠，不虛假，不做作，不吹牛，不炫耀自己；語妙，就是措詞得當，出言有禮，吐語生輝，忌喋喋不休講對方不感興趣的話。情熱而語妙，縱使萍水相逢，也會一見如故。

10．這樣的交談最不受歡迎

人們在人際交往中離不開交談，但談話千萬別招人煩。那麼，在交談中哪些方式不受歡迎，容易招致「萬人煩」呢？

（1）一人獨唱主角

許多朋友在與人交談中，總將自己放在主要位置，自始至終一人獨唱主角，喋喋不休推銷自己，滔滔不絕訴說自己的故事。有個名人說過，漫無邊際的喋喋不休無疑是在打自己付費的長途電話。這樣不但不能表現自己的交談口才，反而令人生厭。要知道池蛙長鳴，不為人注意，而雄雞則一鳴驚人。這就說明「說太多單口相聲」不能交流思想，不能增進感情。交談時應談論共同的話題，長話短說，讓每個人都充分發表意見，留心別人的反應，這樣才能融洽氣氛，眾情相悅。

（2）不要做無畏的爭辯

言談交際中有時免不了爭辯，但善意、友好的爭辯更能促進彼此間的了解，活躍交際環境，起到調節氣氛的作用。有時，一場精彩的爭辯會令人盪氣迴腸，齊聲喝彩。但是尖酸刻薄、烽煙四起的爭辯會傷害人，導致心情不愉快。尖刻容易樹敵，只要我們想一想，如果你在言談中出現四面楚歌、群起攻之的局面，自己的處境就可想而知了。

（3）總是喜歡訴說辛酸，以獲同情

在人一生當中，每個人都會遇到挫折和苦難，但每個人對待的方式不同，有的人迎難而上，有的人知難而退，有的人卻將苦難帶來的愁苦傳染給別人，在眾人面前訴說辛酸，以獲同情。因此，交際中一味訴苦會讓別人覺得你沒魄力，沒能力，會失去別人對你的尊重。

(4) 表現著無事不通

言談中，談話的內容往往涉及天文、地理、歷史、哲學等古今中外、日月經天、江河行地般的話題。如果你在交談中表現「萬事通」、「耍大牌」，到時定會打自己的嘴巴，砸自己的腳。因為交談是相互了解、相互交流的方式，而不是表現學識淵博、見識廣泛的舞台。更何況老子曾說過：「言者不知，知者不言。」交談中什麼都說的人其實什麼都不知道。

(5) 得理不饒人

說話是一門藝術。所謂「良言一句三冬暖，惡語傷人六月寒」，說的正是這個道理。有很多人，說話的立足點和出發點本來是不錯的，但由於不注意說話藝術，往往導致無謂的誤解和爭端，甚至影響團結。

有一次，某個乘客在公車上蹺著二郎腿，影響了其他人走動。一位女士杏眼一蹬：「腳蹺那麼高幹什麼？」對方自知理虧，雖然放下了二郎腿，但心裡肯定很反感。假如那位女士微笑著站在他面前，指一指他的腿，僅憑「身體語言」，就可使對方乖乖改正錯誤。

誰沒有一點自尊？誰沒有面子觀念？只要我們記住：在一個團隊中，有職位的高低、分工的不同，但絕對沒有人格的貴賤。你需要別人的理解和尊重，那別人也都需要。

總之，在社交場合，注意自己的話是否會引起反感。這樣，你的話語才能精彩，你才能贏得更多的朋友。

11．交談禮儀不可少

言談是人際傳播的重要手段，若要使之在人際交往中發揮更大的作用，我們還應力求以語言的「禮」吸引他人，以語言的美說服他人。

交談是一門藝術，是社交活動必不可少的內容。因此，要掌握好交談禮儀。交談時要注意態度、措辭、環境、場合、談話內容，為交談創造一個良好的氣氛。怎樣才能營造一個良好的交談氣氛呢？不妨參照以下幾點：

（1）交談時的目光

兩個人面對面交談時，雙方宜相互凝視對方的眼睛，以表達自己的專注之情。目光應是自然、柔和、友善的，而不要緊盯著對方，使對方感到不自然。與長輩、上級交談時，心靈之窗——眼睛流露出尊敬的神情；與同事、朋友交談時，流露出寬容的神情；與愛人交談時，充滿著溫情；與不幸者交談時，則表現同情心。

（2）交談的距離

與不同關係的人交談時，雙方應保持相應的交談距離。如與陌生人交談時，兩人的間距為一點五公尺左右；與熟人交談時，相距一公尺左右；與親友交談時，距離零點五公尺左右，有時還可以更近些，甚至親密無間「交頭接耳」。交談時，雙方自覺保持適當的距離，既不要相距太遠，給對方以冷落感；也不要靠得太近，使對方有壓抑感。酌情調整距離，以便雙方自由自在交談。

（3）交談時的動作

與人交談時，根據需要可以藉助一些動作來說明問題，增強感染力。如點頭表示贊同，側身相對表示蔑視等，但手勢的幅度不宜過大，切忌對別人指手畫腳，以免引起誤會。此外，與長輩、師長、上級交談時，不要把手背在身後或插在口袋裡，也不要做一些不必要的小動作，如擺弄衣角、甩頭髮等。

(4) 交談時的儀態

不論言者還是聽者，交談時雙方必須保持精神的飽滿；表情自然大方和顏悅色；站立寒暄也好，坐著聊天也罷，兩人均應目光溫和，正視對方，以示尊重。

(5) 話題的選擇

所謂話題，就是言談的中心。話題的選擇反映著言談者品位的高低。選擇一個好的話題，使言談雙方有了共同語言，往往就預示著言談成功了一大半。因此，首先，要選擇交談者喜聞樂見的話題。如天氣狀況、風土人情、體育比賽、電影電視、旅遊度假、烹飪小吃等。其次，要迴避眾人忌諱的話題。如個人的私生活（包括一個人的年齡、婚姻、履歷、收入、住址等其他方面的家庭情況）、令人不快的事件（疾病、死亡、醜聞、慘案等）以及某人生活習慣、宗教信仰、政治主張等均少談或不談為好。最後，不宜談自己不大熟悉的話題。

(6) 交談態度

態度誠懇、真誠熱情往往可以拉近彼此間的距離，使人感到格外親切自然，感情也會有所昇華。此時，你提出的意見或建議也易被對方接受。反之，如果你以虛情假意、盛氣凌人的態度對待他人，出現「話不投機半句多」的局面也不足為怪，這樣雙方都可能陷入尷尬境地。

(7) 虛心接受意見

在社交場合中，如果有人向你提出某些意見或建議，要虛心接受，即使你對這一問題有精闢、獨到的見解，也不能以居高臨下、不容置疑的口吻否定別人的看法，這樣對方會認為你自高自大、自以為是。反之，用虛心的態度接納他人的意見或建議，即使對方的看法欠妥，也要用委婉的口氣、平和的態度向對方說出自己的見解，並請對方給予指點。這樣，即便雙方意見不統一，也不會造成僵局，破壞交談氣氛。

交談氣氛對社交場合來說至關重要，營造一個良好的談話氛圍能縮短彼此之間的距離，增進感情。

12．交談不要炫耀自己

每個人都有自尊心，每逢開口說話，不管是什麼內容，都要注意別讓人產生被比下去的感覺，這樣才能不傷人心。

有些人在交談時總喜歡誇耀自己，往往認為自己高人一籌。每遇親朋好友，就迫不及待大肆吹噓自己，卻不知這樣最令人傷心。

有一次，一位先生約了幾個朋友來他家裡吃飯，這些朋友彼此都是熟識的。他們聚攏來主要是想借著熱鬧的氣氛，讓一位目前正陷低潮的朋友心情好一些。

這位朋友不久前因經營不善，關閉了公司，妻子也因為不堪生活的壓力，正與他談離婚的事，內外交困，他實在很痛苦。來吃飯的朋友都知道這位朋友目前的遭遇，大家都避免去談與事業有關的事，可是其中一位朋友因為目前賺了很多錢，酒一下肚，忍不住就開始談他的賺錢本領和花錢功夫，那種得意的神情，在場的人看了都有些不舒服。那位失意的朋友低頭不語，臉色非常難看，後來他早早便離開了。

人人都會經歷人生的低谷，人人都會遇上不如意的時候，這時，在失意的人面前炫耀自己的得意之處，無異於把針一根根插在別人心上。既傷害了別人，對自己也沒有什麼好處。

因此提醒你，與人相處，切記──不要在失意者面前談論你的得意。如果你正得意，要你不談論不太容易，哪一個意氣風發的人不是如此？所以這種做法也沒什麼好責怪的。但是談論你的得意時要看場合和對象，你可以在演說的公開場合談，對你的員工談，享受他們投給你的欽慕眼光，更可以對路邊的陌生人談，讓人把你當成榜樣，就是不要對失意的人談，因為失意的人心靈最脆弱，也最多心，你的談論在他聽來都充滿了諷刺與嘲弄的味道，讓失意的人感受到你「看不起」他。當然有些人不在乎，你說你的，他聽他的，但這麼豪放的人不太多。因此，你所談論的得意，對大部分失意的人是一種傷害，這種滋味也只有嘗過的人才知道。

一般來說，失意的人較少攻擊性，鬱鬱寡歡是最普遍的心態，但別以為他們總是如此。聽你談論了你的得意後，他們普遍會有一種心理——懷恨。這是一種鑽到他心底深處的對你的不滿，你說得口沫橫飛，卻不知不覺已在失意者心中埋下一顆炸彈，隨時可以爆炸。

失意者對你的懷恨不會立刻顯現出來，因為他無力顯現，但他會透過各種方式來洩恨，例如說你壞話、扯你後腿、故意與你為敵，主要目的則是——看你得意到幾時，疏遠你，避免和你碰面，於是你不知不覺就失去了朋友。

當你有了得意事，發了財或是一切順利，切忌在正失意的人面前談論。

就算在交際應酬場合沒有真失意過的人，但總也有景況不如你的人，你的得意還是有可能讓他們起反感，人總是有嫉妒心的，這一點你必須承認。

所以，得意之時就少說話，而且說話時，態度要更加謙遜，就能迎合他人自尊心，令你更受歡迎。

第四章
批評藝術

批評人又不會得罪人，批評人又能收到奇效，講出別人的錯誤還要讓別人心服口服接受，不能不說是一門藝術。

1．批評是一門藝術

記得讀過陶行知先生的這麼一個故事：

在他當校長的時候，有一天，他看到一位男生正在打架，便將其制止，並叫他到校長室去。陶先生回到辦公室的時候，男生已經在那裡等候了。陶先生掏出一顆糖獎勵男生：「這是獎勵你的，因為你比我先到辦公室。」接著又掏出一塊糖：「這也是給你的，我不讓你打同學，你立即住手了，說明你很尊重我。」男生將信將疑接過糖果。陶先生又說：「據我了解，你打同學是因為他欺負女生，說明你很有正義感，我再獎勵你一塊糖。」這時，男生哭了：「校長，我錯了，同學再不對，我也不能採取這種方式。」陶先生又掏出一塊糖：「你已經認錯了，我再獎勵你一塊。我的糖發完了，我們的談話也結束了。」

陶行知先生的做法讓我們悟出一個道理：批評是一種藝術。在開展批評時，一定要講究方式、方法，否則難以達到預期效果。那麼，採取什麼樣的批評方式才會取得好的效果呢？

（1）體諒對方的情緒，取得對方的信任

這是使批評達到預期效果的第一步。「心直口快」作為人的一種性格來說，在某些方面的確可體現出它的優點，但在批評他人時，「心直口快」者往往不能體諒對方的情緒，圖一時「嘴快」，隨口而出，過後又把說過的話忘了，而在被批評者的心理上卻蒙上了一層陰影也失去了對批評者的信任。所以當你在批評他人時，不妨學會從別人的角度來看問題，設身處地站在對方的立場考慮一下，自己是否能接受了這種批評。如果所批評的話自己聽來都有些生硬，有些憤憤不平，那麼就該檢查一下措辭方面有何要修改之處。

另外，也要考慮場合問題。不注意場合的批評，任何人都不會接受的。

（2）誠懇而友好的態度

批評是一個敏感的話題，哪怕是輕微的批評，都不會像讚揚那樣使人感到舒暢，而且，被批評者總是會用挑剔或敵對的態度來對待批評者。所以，如果批評者態度不誠懇，或居高臨下，冷峻生硬，反而會引發矛盾，產生對立情緒，使雙方陷入僵局。

因此，批評必須注意態度，誠懇而友好的態度就像一劑潤滑劑，往往能使摩擦減少，從而使批評達到預期效果。

（3）用含蓄的批評來激勵對方

英國十八世紀著名評論家約瑟．亞迪森曾說：「真正懂得批評的人看重的是『正』，而不是『誤』。」這裡所說的「正」，實際上就是隱惡揚善，從正面來加以鼓勵，也就是一種含蓄的批評，能使批評者不自覺改正自己的錯誤和缺點。可以說從正面鼓勵對方改正缺點、錯誤的間接批評方法，比直接批評效果會更快、更好。因為這種批評方法易於被對方接受，從而產生良好的效果。

在批評時，還有幾個問題務必注意。

（1）就事論事，勿傷及人格

批評他人，有什麼問題就說什麼問題，切勿把「陳穀子爛米糠」通通翻出來，糾纏在一起算總帳。這樣做只能引起對方的反感。而揭對方的瘡疤，甚至傷害其人格，則最容易引起對方的憤怒，絕對要避免。

（2）具體明確，勿抽象籠統

在批評他人之前，先要明確是就哪件事或事情的哪個方面進行批評，那麼就以事實為基礎，越具體明確越好。抽象籠統，「一杆子打死一船人」，別人就難以弄懂你的意思。

（3）語氣親切，勿武斷生硬

有什麼樣的態度就有什麼樣的用語。如果態度誠懇，語氣也必定會親切，讓人聽了心裡舒服；如果態度生硬，自以為是，別人也就不會買你的帳。有的人批評人時總喜歡用「你應該這樣做……」「你不應該這樣做……」，彷彿只有他的看法才是正確的，這種自以為是的口吻只會引起人的反感。

（4）建議定向，勿言不及義

批評和建議是緊密聯繫在一起的，批評的主要目的是希望對方能改正缺點、錯誤，從而向正確的方向發展，所提的建議當然應該是為對方指出方向。但有的人提的建議不具體，就無法讓人理解。如有客人要來家裡吃飯，妻子對丈夫說：「你能不能不要老是在那裡看報紙？」不如說：「你能不能幫我擺好桌椅、碗筷，客人就要來了。」這樣就從另一個角度婉言批評了丈夫的懶惰，同時指明了他應該改正的方向。

2．批評要拐彎抹角

直接指出別人缺點與錯誤往往會面對困境，最好的辦法就是不要直接面對，拐彎抹角指出往往效果最佳。

古時候，有一個縣官很喜歡附庸風雅，儘管他畫畫技藝不佳，但興致很大。他畫的虎不像虎，反而像貓，並且，他還每畫完一幅作品，都要在廳堂內展出示眾，讓眾人評說。大家只能說好話，不能說不好聽的話，否則，就要遭受懲罰，輕則挨打，重則流放他鄉。

有一天，縣官又完成了一幅「虎」畫，懸掛在廳堂，又召集全體衙役來欣賞。

「各位瞧瞧，本官畫的虎如何？」

眾人低頭不語。縣官見無人附和，就點了一個人說：「你來說說看。」

那人戰戰兢兢說：「老爺，我有點怕。」

縣官：「怕，怕什麼？別怕，有老爺我在，怕什麼？」

那人：「老爺，你也怕。」

縣官：「什麼？老爺我也怕。那是什麼？快說。」

那人：「怕天子。老爺，你是天子之臣，當然怕天子呀！」

縣官：「對，老爺怕天子，可天子什麼也不怕呀！」

那人：「不，天子怕天！」

縣官：「天子是老天爺的兒子，怕天，有道理。好！天老爺又怕什麼？」

那人：「怕雲。雲會遮天。」

縣官：「雲又怕什麼？」

那人：「怕風。」

縣官：「風又怕什麼？」

那人：「風又怕牆。」

縣官：「牆怕什麼？」

那人：「牆怕老鼠，老鼠會打洞。」

縣官：「那麼，老鼠又怕什麼呢？」

來人：「老鼠最怕牠！」來人指了指牆上的畫。

新來的差役沒有直接說縣太爺畫的虎像貓，而是從容周旋，借題發揮，繞彎子似達到了批評的目的。

下面，羅克的這種批評方式也值得效法。

多年來，羅克常到離家不遠的公園中散步和騎馬，以此作為消遣。羅克非常喜歡橡樹，所以每當看到公園裡的一些橡樹被燒掉時，他就十分痛心。這些火大多都是由到園中野炊的孩子們造成的。有時火勢很凶，必須叫來消防隊才能撲滅。

公園的角落裡有一塊牌子，警告人們不要在公園玩火，違者罰款。但由於牌子在角落裡，很少有人看見它。公園裡有一個員警負責巡邏，但他對自己的工作不太認真，火災仍然時常發生。

有一次，羅克又看到公園失火，就急忙跑去告訴員警快叫消防隊，可沒想到那傢伙卻說那不是他的事，羅克非常失望，於是以後再到公園裡散步的時候，就擔負起了保護公園的義務。當看見那些野炊的孩子們，他就用威嚴的辭句命令他們把火撲滅。如果他們不聽，就會恐嚇要把他們交給員警。就這樣，羅克只是按照自己的想法去做，只是在發洩自己的情感，全然沒有考慮孩子們的感覺。

結果呢，那些兒童懷著一種反感的情緒暫時遵從了。等羅克轉過身去的時候，他們又生起了火堆，並恨不得把整個公園燒盡。

隨著時間的推移，羅克逐漸懂得了與人相處的道理，知道了怎樣使用說話的技巧。於是他不再發布命令或恐嚇。而是說：「孩子們，玩得高興嗎？你們在做什麼晚餐？我小時候，也很喜歡生火，直到現在我仍然很喜歡，但你們知道在公園裡生火是很危險的嗎？我知道你們幾個會很小心，但別的孩子就不一樣了。他們來了也會學著你們生火，回家的時候卻又不把火撲滅，這樣就會燒掉公園裡的所有樹木。如果我們再不謹慎的話，我們就不會再看到這裡的樹木了。因為在這裡生火，還有可能被員警抓起來。我不干涉你們的興致，我很願意看到你們開開心心的，但我想請你們在離開時，用土把火埋起來，並把火堆旁邊的乾枯樹葉撥開，好嗎？你們下次來公園玩時，可不可以到山丘的那一邊，就在那沙坑裡點火，那樣就不會有任何危險了。多謝了，孩子們，祝你們玩得快樂。」

羅克把批評的話說軟，孩子們聽了之後都很願意接受。羅克的批評方式為孩子們保全了面子，雙方的感覺都很好，因為羅克在處理這件事時，完全掌握了批評的「軟」技巧。

3．批評也要有講究

批評的前提是事實清楚，責任分明，有理有據。無憑無據批評別人，其結果只會留下「蓄意整人」的壞印象。在還沒有批評之前，一定要仔細調查、清楚事實，不能聽風就是雨，這樣極容易使自己處於被動局面。

批評是一種藝術，也具有一定的技巧。批評別人而要讓他心服口服，就要運用一定的技巧。批評和責備不等於劈頭蓋臉亂罵一通，批評、責備用得好便可收到良好的效果，否則就有可能發生激烈的衝突。那麼，怎樣才能做到恰到好處呢？下面幾點可做參考：

（1）請教式批評

即用請教的口氣包含批評的意思，讓別人有個台階下。

有個人正在養魚池裡釣魚。這時，魚池的主人走了過來。那人心裡一驚，糟了，這下不但要挨罵，恐怕還要受處罰！誰知，魚池主人走近後，指了指池中「禁止釣魚」的牌子，不僅沒有教訓他，反而很客氣：「先生，你在這試鉤，是不是太浪費了？」

那人面紅耳赤，連忙道歉，收起釣竿走了。魚池主人把批評變成了請教，既達到了目的，又維護了對方的自尊，使對方心服口服，制止了他的不道德行為。

（2）暗示型批評

即不從正面提出批評，而是採取隱晦、含蓄的方法把批評的意思暗藏在談話之中，巧妙向對方發出某種暗號，讓被批評者自己去理解並接受，使他改變自己的行為。

某公司總經理的助理歐貝和他的女友莎拉決定旅行結婚，準備到風光旖旎的瑞士去度蜜月。

他正在為計畫做準備的時候，總經理問他：「你們已經決定要旅行結婚了嗎？」

歐貝說：「決定了。」

「真心祝福你們，什麼時候出發呀？」

歐貝高興的說：「就這幾天吧！」

總經理又無奈的說：「唉！公司正要與一個客戶談判並簽訂一分重要的合約，你是唯一的談判人選，而且你一向都是以公司大局利益為重的，不巧的是公司簽約跟你個人的喜事擠到了一起，你要是走了，公司簽約的事還真沒有人能替代呀！」

在這個對話中，雙方都有理由，歐貝與女友旅行結婚已經決定，無可非議，總經理有一個重要合約要簽訂，唯一的談判人選又不能離開。公司總經理無法批評助手歐貝，但在強調歐貝的談判地位時就暗中含有批評之意，當然也含有期望。

聰明的歐貝不會不了解，而結果不說大家也知道。

(3) 安慰型批評

即一面指出對方的錯誤，另一面又對他表示肯定的批評，讓犯錯者得到真正的安慰。

年輕的莫泊桑向著名作家布耶和福樓拜請教詩歌創作。兩位大師一邊聽莫泊桑朗讀詩作，一邊喝香檳酒。布耶在聽完後說：「你這首詩，句子中的意象過多，雖然不易理解，但我讀過更壞的詩，這首詩就像這杯香檳酒，勉強才能吞下去。」

這個批評雖嚴厲，但仍留有餘地，給了對方一些安慰。把批評的語言用安慰的形式表現出來，這就是批評語言的訣竅。

（4）模糊式批評

用模糊的言辭替代直截了當的批評。

某公司職員工作一度十分鬆懈，公司經理便召開職員大會進行「整頓」。

經理說：「最近這段時間，本公司職員工作態度大多數是好的，但也有少數人表現不佳，有的遲到，有的早退，有的上班聊天……」這裡所使用的「大多數」、「也有」、「有的」，都是模糊的語言。用這種語言，既顧及了職員的面子，又指出了存在的問題，這種不指名的模糊式批評，效果比直接點名批評要好得多。

（5）旁敲側擊型批評

即在指責別人時，不從正面直接說明，而是從側面刺激，當發現苗頭不對，由於某種原因又不便正面指出時，便可透過「對事不對人」的方式提出警告。這樣既可以點出問題讓對方心生警惕，又維護了對方的面子，給他們改正的機會。「旁敲側擊」作為一種間接表達方式，從交際的角度出發，它同樣可以具有一定的使用價值。

在為人處世中，若你不得已要對別人提出批評，一定要委婉說出，用協商式的口吻而非命令的語氣來批評別人，就事論事。要明白，批評的是對方的行為，而不是對方的人格。

4．批評前，要先給足面子

心理學的研究表明，誰都不願把自己的錯處或隱私在公眾面前曝光，一旦被人曝光，就會感到難堪或惱怒。因此，在交際中，如果不是為了某種特殊需要，一般應盡量避免觸及對方所避諱的敏感區，避免使對方當眾出醜。必要時可委婉暗示對方已知道他的錯處或隱私，給他造成一種壓力。但不可過分，只需點到而已。

楚莊王十分鍾愛他的一匹馬，但這匹馬因過於養尊處優，因肥胖而死。莊王命令全體大臣為死馬致哀，並要用棺槨裝殮，按大夫的禮節舉行葬禮。百官紛紛勸阻，莊王大動肝火，下令誰再勸阻，定判死罪。

宮中有個叫優孟的人，進宮號啕大哭。莊王問他哭什麼，優孟說：「這匹馬是大王最心愛的馬，以楚國之大，什麼東西弄不到！現在卻只以大夫的葬禮來辦喪事，實在太輕慢了！我請求用君王的禮儀來埋葬。」

楚莊王一聽甚為高興，便問：「依你之見，怎麼個埋葬法呢？」

優孟說：「最好以雕琢的白玉做棺材，以精美的梓木做外槨。還要建造一座祠廟，放上牌位，追封牠為萬戶侯。這樣天下的人就知道，大王是輕賤人而重視馬了。」

楚莊王一聽，如夢方醒，說：「我的過錯竟到了這種地步！」

優孟說服楚莊王別葬馬，不是直言相阻，而是以退為進，先消除了莊王的對抗情緒和排斥心理，最後取得了勝利。

下面這個故事開展的批評手腕更妙，既給他面子，也挽回了經濟損失。

有一家著名的大酒店，一位外賓吃完最後一道茶點，順手把精美的景泰藍筷子悄悄「插入」自己的西裝內衣口袋裡。服務小姐不露聲色迎上前去，雙手拿著一個裝有一雙景泰藍筷子的綢面小匣子說：「我發現先生在用餐時，對景泰藍筷子頗有愛不釋手之意。非常感謝您對這種精細工藝品的賞識。為了表達我們的感激之情，經餐廳主管批准，我代表本店，將這雙圖案最為精美並且經嚴格消毒處理的景泰藍筷子送給您，並按照酒店的『優惠價格』記在您的帳簿上，您看好嗎？」

那位外賓當然明白這些話的弦外之音，在表示了謝意之後，說自己多喝了兩杯「白蘭地」，頭腦有點發暈，誤將筷子插入內衣袋裡。並且聰明的藉此「台階」說：「既然這種筷子不消毒就不好使用，我就『以舊換新』吧！哈哈哈。」說著取出內衣裡的筷子放回餐桌上，接過服務小姐給他的小匣子，不失風度的向付帳處走去。

即便是手下人犯了錯誤，你不得不批評他，在批評的時候也要言之有理。既要堅持原則性，又要以理服人，切不可口出惡語，挖苦諷刺，侮辱人格。同時要做到情理結合，情真理切，特別是對落後者的批評，更要注意親近他們，滿腔熱情幫助他們進步，才能收到好的效果。

一般情況下，有以下幾個方面需要把握：

（1）不怒髮衝冠，允許申辯

批評和發脾氣不是一回事。發脾氣有時不但無助於批評的效果，往往還會把事情搞僵。員工做了錯事，或說了錯話，你難免不生氣，生氣歸生氣，做上級的總要有氣度和涵養，要能夠把握自己的情緒，批評時千萬不要聲嘶力竭。

（2）實事求是，不惡語相向

批評宜以理服人，擺事實，講道理。你一味挖苦誣衊，或者以對方的缺陷為笑柄，過分傷害人的自尊，往往會適得其反。對方一旦產生抵觸，就很可能以其人之道還治其人之身。

(3) 輕重有度，不一棍子打死

批評應就事論事，一就是一，二就是二，哪裡疼就治哪裡的病，而不能誇大其詞，藉機整人。不能因一時一事的失誤，就將人的過去全盤否定，或形成既定印象，覺得此人「朽木不可雕也」，更不能當面斷定此人「不可救藥」。

(4) 講究方法，不仗勢欺人

有些上級如果和下屬發生口角，氣頭上的口頭語是：「聽你的，還是聽我的？」「這樣做誰說了算？」他們不是平心靜氣批評，而是用扣獎金、扣工資、調離職位等手段相威脅；不是以理服人，而是仗勢壓人，仗勢欺人。這樣做的結果，常常是壓而不服，還結下了心病。

說服別人的方法和分寸是非常重要的，當對方犯錯誤的時候，說服更要顧及對方的臉面，這樣對方會更容易接受你的教誨。

5・千萬別這樣批評人

批評必須有度，輕了達不到改正錯誤的結果，重了會使對方受到嚴重的傷害，甚至產生反作用。領導者只要不觸犯批評別人的大原則，批評就會發揮應有的作用。

要使批評能被人接受，就要講究方法和藝術，而以下的批評方法就很不恰當。

（1）無憑無據，捕風捉影

批評的前提是事實清楚，責任分明，有理有據。但是，在現實中常常見到有的主管批評他人時，事先不調查，不了解，只憑一些道聽塗說，或者只憑某個人打的「小報告」，就信以為真，就去胡亂批評人，結果給人留下「蓄意整人」的壞印象。

（2）大發雷霆，惡語傷人

人人都有自尊心，即使犯了錯誤的人也是如此。批評時要顧及人的自尊心，切不可隨便加以傷害。因此，批評人時應當心平氣和，春風化雨。不要橫眉怒目，以為這樣才能顯示批評者的威風。實際上，這樣做最容易傷害對方的自尊心，導致矛盾的激化。因此，批評人應力戒發怒。當你怒火正盛時，最好先別批評人，待心情平靜下來後再去批評。

切忌諷刺、挖苦，惡語傷人。下級雖有過錯，但在人格上與上級完全平等，不能隨意貶低甚至汙辱對方。

（3）不分場合，隨處發威

批評人必須講究場合和範圍。有的批評可在大會上進行，而有的只能進行個別批評。若不注意批評的場合和範圍，隨便把只能找本人談的問題放到公開場合上講，就會使對方感到臉上無光，不利於問題的解決。

批評人，特別要注意不要隨便當著對方下級的面或客人的面批評他。否則，對方會認為你是故意丟他的臉，出他的醜，使他難堪，會引起對方公開對抗。許多爭吵，往往是由於批評的場合不對引起的。

(4) 吹毛求疵，過於挑剔

批評人是必要的，但並不是事事都要批評。對於那些雞毛蒜皮的小問題、小毛病，只要無關大局，應當採取寬容態度，切不可斤斤計較、過於挑剔。這種做法，只能使人謹小慎微，無所適從，不求有功，但求無過，甚至產生離心作用。

(5) 乘人不備，突然襲擊

批評人，事先最好打個招呼，使對方先有一定的心理準備，然後再批評，對方不至於感到突然。比如，有的人做錯事，但本人並沒有意識到。這時應當先透過適當時機，讓與對方關係較好的人先去提醒他，使其先自行反省，然後再正式批評他，指出其錯誤所在。這樣他有了心理準備，不至於感到突然，就比較容易接受批評了。反之，如果當對方尚未認識到自己有錯，就突然批評，不僅會使人不知所措，還會懷疑你批評人的誠意。

(6) 清算總帳，揭人老底

批評應當針對當前發生的問題。對於過去的問題盡量不要拉扯出來。有些上司為了說服對方認識問題，或為了證明對方當前的行為是錯誤的，便把心中積存的有關「問題」全部數落出來。這樣做，只會使對方感到你一直暗地注意收集他的問題，這一次是和他算總帳，從而產生對立情緒。

（7）威脅逼迫，以勢壓人

批評人只有在平等的氣氛中進行，才容易被人接受。如果擺出居高臨下，盛氣凌人的架勢，說不服就壓服，動不動就說：「是我說了算，還是你說了算？」或下最後通牒：「必須……否則……」這樣，叛逆心理就產生了。對方可能會想，幹嘛一定要聽你的？或者反過來挑釁：「悉聽尊便，請吧，我才不怕呢。」結果是逼而不從，壓而不服，激起反抗情緒。

（8）以事論人，全盤否定

批評人應盡量準確、具體，對方哪件事做錯了，就批評哪件事，不能因為某件事做錯了，就論及這個人如何不好，以一件事來論及整個人，把他說得一無是處，比如用「從來」、「總是」、「根本」、「不可救藥」、「我算看透你了」等來否定人，都是不可取的。

（9）當面不說，背後亂說

有句俗話說：「當面批評是君子，背後議論是小人。」這句話反映了人們的一種心態：不喜歡背後批評人。當面批評，可以使對方聽清楚批評者的意見和態度，也便於雙方的意見得到交流，消除誤會。如果背後批評，會使對方產生錯覺，認為你有話不敢當面講，一定是肚裡有鬼。再說，不當面講，經他人之口轉達，很容易把話傳錯，造成難以消除的誤解。

（10）嘴上不嚴，隨處傳揚

批評人不能隨處發威，更不能隨處傳揚。有的前腳剛離開，後腳就把這件事說給了別人聽；或者事隔不久批評另一個人時，又隨便舉這個做例子，弄得該問題人人皆知，滿城風雨，增加了當事人的壓力和反感情緒。這是一種不負責任的工作作風。

（11）一批了之，棄之不管

批評只是解決問題的手段，而不是目的。當一個人受到批評後，在心理上會產生疑慮情緒：是不是對我有成見？帶著這種情緒，他會特別留心對方的有關言行，從中揣測對方對他的看法。當發現對方不理睬他時，他就會認為對方對他有成見；當你無意批評到與他相似的問題時，他會神經過敏的認為你又在講他，又在與他過不去。為了消除這種猜忌心理，我們在批評後要細心觀察他的變化，對他表示關心和體貼，有了好的表現，及時肯定；有了困難，及時幫助。這樣才能有助於消除猜忌心理，達到批評的目的。

（12）反覆批評，無休無止

批評不能靠量多取勝。有的批評只能點到為止。當一個人受到批評後，心裡已經很不自在了，如果再重複批評他，他會認為你老是跟他過不去，把他當成反面典型看待。多一次批評，就會在他心裡多一分反感。

6・批評孩子有方法

孩子由於年齡小，判斷事非的能力不強，自制力也比較差，經常會犯這樣那樣的錯誤。發現孩子犯錯後，父母不問青紅皂白對孩子橫加指責，甚至暴跳如雷，對孩子大打出手，這種做法肯定是不對的；若對孩子一味姑息遷就、聽之任之，對孩子的成長也是極為有害的。學會批評孩子，掌握批評孩子的技巧，是做父母必修的重要課程之一。下面談談批評孩子的技巧。

（1）批評孩子要注意時間和場合

批評孩子盡量不要在以下時間：清晨、吃飯時、睡覺前。在清晨批評孩子，可能會破壞孩子一天的好心情；吃飯時批評孩子，會影響孩子的食欲，長此以往會對孩子的身體健康不利；睡覺前批評孩子，會影響孩子的睡眠，不利於孩子的身體發育。批評孩子不應在下列場合：公共場所、當著孩子同學朋友的面、當著眾多親朋好友的面。孩子的自尊心往往很強，在公開場合批評孩子，會讓孩子感覺很沒面子，會打擊孩子的自信心，還可能會讓孩子對父母心懷不滿甚至心生怨恨，會影響父母與孩子之間的感情。

（2）批評孩子之前要讓自己冷靜下來

孩子犯了錯，特別是犯了比較大的錯或者屢錯屢犯時，做家長的難免心煩意亂，情緒波動會比較大，很可能會在一時衝動之下對孩子說出不該說的話，或者做出不該做的舉動，這都可能會對自己和孩子產生極為不良的影響，甚至因此而釀成千古大錯。因此，不管孩子犯了什麼樣的錯誤，在批評孩子之前，家長一定要強迫自己冷靜下來。只有冷靜，才能對孩子所犯錯誤有一個客觀公正的評判，才能有利於問題的解決，才能幫助孩子找出犯錯的原因和改正錯誤的方法。

(3) 批評孩子要給孩子申訴的機會

導致孩子犯錯的原因有許多，有孩子主觀方面的失誤，但也有可能是不以孩子的意志為轉移的客觀原因造成的。從主觀方面來說，有可能是有意為之，也有可能是無心所致；有可能是態度問題，也可能是能力不足等等。所以，當孩子犯錯後，不要剝奪孩子說話的權利，要給孩子一個申訴的機會，讓孩子把自己想說的話和盤托出，這樣家長會對孩子所犯的錯誤有一個更全面、更清楚的認識，對孩子的批評會更有針對性，也讓孩子能心悅誠服接受自己的批評。

(4) 批評孩子之前可先進行自我批評。

父母是孩子的第一任老師，孩子犯錯誤，父母或多或少都會有一定的責任。在批評孩子之前，如果父母能先來一番自我批評，如：這事也不全怪你，媽媽也有責任；只怪爸爸平時工作太忙，對你不夠關心等等，會讓家長和孩子的心理距離一下子拉得很近，會讓孩子更樂意接受父母的批評，還可以培養孩子勇於承擔責任、勇於自我批評的良好品質，一舉多得，我們做父母的，又何樂而不為呢？

(5) 父母在批評孩子方面要形成「統一戰線」

有句話叫「嚴父慈母」，很多至今還延習著這一傳統，父親和母親，在教育孩子方面，一個唱紅臉，一個唱白臉，其實這對孩子的成長是不利的。因為如果這樣，當孩子犯錯後，他們所想的不是如何去認識和改正錯誤，而是積極去尋求一種庇護，尋求精神的「避難所」，他們甚至可能因此變得肆無忌憚，為所欲為。所以，當孩子犯錯後，父母一定要旗幟鮮明，保持高度一致，形成「統一戰線」，共同努力，讓孩子能正視自己所犯的錯誤並努力去改正自己的錯誤。

(6) 批評孩子之後要給孩子心理上一定的安慰

孩子犯錯後，情緒往往會比較低落，心情往往也會受到影響，父母在批評孩子後，應及時給孩子一些心理上的安慰。可以從語言上來安慰孩子，比如說些「人非聖賢，孰能無過」、「年輕人犯錯誤，上帝也會原諒的」、「知錯能改就是好孩子」之類的話；也可以從行動上安慰孩子，比如，握握他們的手，拍拍他們的肩，或給他們一個微笑，一個擁抱等等，這樣就會讓孩子感到，雖然他們犯了錯，但家長還是愛他們的，也還是信任他們的，他們會對家長充滿感激，也會對自己充滿自信。

7．批評下屬有技巧

作為一名主管，在批評自己的部下時，一定要講究一些方法，因為批評部下不是一件輕鬆的事情，有的時候會令那些缺乏管理知識水準和缺乏管理經驗的人感到無所適從。但在公司裡每個人都有犯錯誤的時候，批評也是一種藝術；假如作為一名管理層的人員不懂得怎樣批評自己的下屬，這樣很有可能就會降低自己的工作效率，更有甚者還會影響到整個團隊的工作情緒。因此，作為上級在批評下屬時要注意以下幾點：

（1）搞清事實再批評

正確批評的要求是先搞清出錯的原因。有時有些管理人員由於一時激動不分黑白就直截了當批評下屬，反而忽略了對客觀事情本身做出全方位的調查與研究。

（2）批評方式要妥當

批評部下的時候有很多種批評方式，然而，這「很多種批評方式」一定要依據當事人或事情的大小做出適當的選擇與分析。比如性格內向的部下很在乎別人對自己的評價，對於這樣的部下可以採取以鼓勵為主、委婉的批評方式，對於那些生性固執或是自我感覺很好的員工，可以直截了當告訴他犯了什麼錯誤，對於這樣的部下可以採取對他進行提醒的批評方式。如果有更嚴重的錯誤，就應該採取正式的、公開的批評方式；對於那些出錯較輕的部下，只在私下裡對他說出錯誤的原因就可以了。

（3）下屬出錯原因在批評前要弄清

儘管有的主管自認為自己已經清楚了解了事情的原因以及真相，

但是在批評部下的時候還要認真傾聽部下對事情做出的解釋。這樣做有利於主管能夠清楚認識到自己的部下是否已經知道錯在哪裡了，這樣更有利於主管做出更進一步的批評。如果出錯的這位部下很有可能會在悄然間對你講出一些主管根本不清楚的真實情況，如果領導人沒有證據能夠證實這些問題，那麼應當立刻結束批評，稍後再做更進一步的詳細調查了解。

（4）不要大發脾氣

或許有的時候自己的下屬所犯的錯誤會使主管特別生氣，但是作為主管無論怎樣也不能在批評部下時大發脾氣。因為這樣做的最終結果就是使主管在自己的下屬面前失去威信，同時還會給部下造成對他有成見的感覺。

（5）不能對人不對事

儘管說事情都是人做出來的，但是作為主管在批評自己的部下的時候，一定盡量不要針對某個人，要對事。只有這樣才有可能使你的部下對你沒有什麼成見。「對事不對人」這樣不僅容易使你的部下客觀認識自己的問題，真正心服口服，而且還有一層意義：這樣做還能在部門內部形成一個公平競爭的工作環境，可以使你的部下不再為了自己的利益而產生拍馬屁的想法。

（6）不要威脅下屬

威脅部下容易使部下產生這樣一種感覺：「仗勢欺人」。同時這樣很有可能造成上級與部下之間的對立。這種對立會大大傷害部門內部的團結合作。

總之，批評是一門藝術，也是一門領導管理藝術。所以，批評人要講究批評的語言和技巧，也只有這樣才能達到更好的批評效果。

第五章
拒絕的藝術

任何人都有得到別人理解與說明的需要，任何人也都常常會收到來自別人的請求和希望。可是，在現實生活中，誰也無法做到有求必應，所以，掌握好說「不」的分寸和技巧就顯得很有必要。

1．拒絕話要巧說，不得罪人

在人際交往中，基於某種原因不願意或不便把自己的真實想法告訴對方時，用「敷衍的拒絕，含糊的迴避」來應對可幫你度過難關，如果運用得好不但拒絕了他人，還會取得良好的效果。

有個關於莊子向監河侯借錢的故事，監河侯敷衍他，含糊說：「好！再過一段時間，等我去收租，收齊了，就借給你三百兩銀子。」監河侯的敷衍真是很有水準，不直接說不借，也不說馬上就借給他，而是說過一段時間收租收齊後再借。

這話有三層意思：一是目前我沒有錢，還不能借給你；二是我並不是富人；三是過一段時間，表示時間並不明確說明，到時借不借還是另一說。

莊子聽後已經很明白了。監河侯用這種方法拒絕莊子，他不會怨恨什麼，因為監河侯並沒有說不借給他，只是過一段時間再說而已，還是有可能會借的。

人處在一個複雜的社會背景中，互相制約的因素有很多，為什麼不選擇一個盾牌擋一擋呢？當你不便說出自己真正拒絕的原因時，含糊而敷衍的拒絕他人是一種不錯的選擇。

比如有人對你說：「今晚我請客，一定要來呀！」

「今晚正好有事，下次一定來。」下次是什麼時候，並沒有說一個明確的時間，實際上給對方的是一個含糊不清的答案。對方若是聰明人，一定會聽出其中的意思，就不會強人所難了。

在拒絕時，需要注意的事有以下幾項：

不要立刻就拒絕：立刻拒絕，會讓人覺得你是一個冷漠無情的人，甚至覺得你對他有成見。

不要輕易拒絕：有時候輕易拒絕別人，會失去許多幫助別人、獲得友誼的機會。

不要在盛怒下拒絕：盛怒之下拒絕別人，容易在語言上對別人造成傷害，讓人覺得你一點同情心都沒有。

不要隨便拒絕：太隨便拒絕，別人會覺得你並不重視他，容易引起別人反感。

不要無情拒絕：無情拒絕就是表情冷漠，語氣嚴峻，毫無通融的餘地，會令人很難堪，甚至反目成仇。

要面帶笑容拒絕：拒絕的時候，應面帶微笑，態度要莊重，讓別人感受到你對他的尊重，就算被你拒絕了，也能欣然接受。

要有代替的拒絕：你對我請求的這一點我幫不上忙，我用另外一種方法來幫助你，這樣一來，他還是會很感謝你的。

要有出路的拒絕：在拒絕的時候，如果能提供一些其他的方法，幫他人想出一些更好的出路，實際上還是幫了他的忙。

下面是幾種簡而易行的方法：

謝絕法：對不起，這樣做可能不合適。

婉拒法：哦，原來是這樣，可能是我還沒有想好，那麼考慮一下再說吧。

不卑不亢法：你可以去找對這件事更感興趣的人，如何？

幽默法:啊，實在對不起，今天我正好有事，這次也只好當逃兵了。

無言法：運用擺手、搖頭、聳肩、皺眉、轉身等肢體語言和否定的表情來表示自己對此件事情的態度。

緩衝法：哦，請讓我再和朋友商量一下，你也再仔細想一想，過幾天再決定好嗎？

迴避法：今天我們們先不談這個，還是說說你關心的另一件事吧。

嚴辭拒絕法：這樣做絕對不行，我已經想好了，你不用再費口舌了！

補償法：實在對不起，這件事我實在愛莫能助了，不過，我可幫你做另一件事！

借力法：你可以問問他，他可以作證，我從來都沒有做過這樣的事情！

自護法：你為我想想，我怎麼能去做這種沒把握的事情呢？你是想讓我出醜嗎？

如果你學會了拒絕的藝術，自然就能減少許多心理上的緊張與壓力，同時還可以表現出自己人格的獨特性，也就不至於使自己在廣泛的人際交往中陷於被動的狀態，你的生活就會變得更為輕鬆、瀟灑。

2．委婉的拒絕容易讓人接受

委婉的拒絕能給人留下足夠的面子，可以把傷害減小到最低，不影響雙方的關係。那麼如何委婉拒絕呢？

(1) 先表明態度

有的人對於要拒絕或是接受，在態度上常表現得曖昧不明，而造成對方一種期待。雖然想表示拒絕，卻又講不出口。

聽別人幾句甜言蜜語，就輕易承諾下來的舉動，也是自己態度不明確所造成的。

(2) 要顧及對方的自尊

人都是有自尊心的，一個人有求於別人時，往往都帶著惴惴不安的心理，如果一開始就說「不行」，勢必會傷害對方的自尊心，使對方不安的心理急劇加速，失去平衡，引起強烈的反感，從而產生不良後果。因此，不宜一開口就說「不行」，應該尊重對方的願望，先說關心、同情的話，然後再講清實際情況，說明無法接受要求的理由。由於先說了那些讓人聽了產生共鳴的話，對方才能相信你所陳述的情況是真實的，相信你的拒絕是出於無奈，因而是可以理解的。

當拒絕別人時，不但要考慮到對方可能產生的反應，還要注意準確恰當的措辭。比如你拒聘某人時，如果悉數羅列他的缺點，會十分傷害他的自尊心。倒可以先稱讚他的優點，然後再指出缺點，說明不得不這樣處置的理由，對方也能更容易接受，甚至感激你。

(3) 緩和對方對「不」的抗拒感

雖然說「不」或「行」要明白表示，卻也不是叫你毫無顧慮就表示「要」或「不要」。語氣強硬說「不行」、「沒辦法」，是會傷害對方的自尊心，甚至遭來對方的怨恨。

對別人的要求要洗耳恭聽，對自己不能答應的事要表示抱歉。體諒對方拚命工作的苦心……這些都是在你回答「不」之前所應思考的。尤其當要求的對方是上級時，說話更要留餘地。

（4）態度一定要真誠

拒絕總是令人不快的。「委婉」的目的也無非是為了減輕雙方，特別是對方的心理負擔，並非玩弄「技巧」來捉弄對方。特別是上級、師長拒絕下級、晚輩的要求，不能盛氣凌人，要以同情的態度，關切的口吻講述理由，使之心服。在結束交談時，要熱情握手，熱情相送，表示歉意。一次成功的拒絕，也可能為將來的重新握手、更深層次的交際播下希望的種子。

（5）降低對方對你的期望

大凡來求你辦事的人，都是相信你能解決這個問題，抱有很高的期望值。一般來說，對你抱有期望越高，越是難以拒絕。在拒絕要求時，倘若多講自己的長處，或過分誇耀自己，就會在無意中抬高了對方的期望，增大了拒絕的難度。如果適當講一講自己的短處，就降低了對方的期望，在此基礎上，抓住適當的機會多講別人的長處，就能把對方求助目標自然轉移過去。這樣不僅可以達到拒絕的目的，而且使被拒絕者因得到一個更好的歸宿，由意外的成功所產生的愉快和欣慰心情，取代了原有的失望與煩惱。

（6）盡量使話語溫柔緩和

當你想拒絕對方時，可以連連發出敬語，使對方產生「可能被拒絕」的預感，形成對方對於「不」的心理準備。

談判中拒絕對方，一定要講究策略。婉轉拒絕，對方會心服口服；如果生硬拒絕，對方則會產生不滿，甚至懷恨、仇視你。所以，一定要記住，拒絕對方，盡量不要傷害對方的自尊心。要讓對方明白，你的拒絕是出於不得已，並且感到很抱歉，很遺憾。盡量使你的拒絕溫柔而緩和。

（7）讓對方明白自己的處境

一般來說一個人有事求別人幫忙時，總是希望別人能滿足自己的要求，卻往往不考慮給他人帶來的麻煩和風險。如果實事求是講清利害關係和可能產生的不良後果，把對方也拉進來，共同承擔風險，即讓對方設身處地去判斷，這樣會使提出要求的人望而止步，放棄自己的要求。例如有個朋友想請長假外出經商，來找某醫生開個肝炎的病歷報告單。對此作假的行為，醫院早已多次明令禁止，一經查實要嚴肅處理。於是該醫生就婉轉把他的難處講給朋友聽，最後朋友說：「我一時沒想那麼多，經你這麼一說，我也覺得這個辦法不行。」

由於共擔可能出現的風險，對方就能由己及人去想問題，體諒別人的難處。

在人際交往中，只要還有一線希望達到目的，誰也不願意輕易接受拒絕，究其原因是完美心理在起作用。俗話說：「不撞南牆不回頭。」在拒絕別人的要求時，鐵一樣的事實擺在眼前，無論怎樣堅持意見的人，也不能不放棄自己的要求。

3．這樣把「不」說出口

拒絕本身就是尋找藉口，只要你的藉口天衣無縫，被拒的對方定會毫無怨言。

不妨從以下幾點著手來練習，會讓你掌握說「不」的技巧。

1．在別人提出要求前做好說「不」的準備

那些在別人不論提出多麼不合理的要求時很難說「不」的人，通常是由於以下一種或幾種原因：

(1) 對自己的判斷力缺乏自信，不知道什麼是應該做的，什麼是別人不該期望自己做的。

(2) 渴望討別人喜歡，擔心拒絕別人的請求會讓人把自己看扁了。

(3) 對自己能成功負起多少責任認識不清。

(4) 具有完善的道德標準。他們會為「拒絕幫助」別人而感到罪過。

(5) 覺得自己低人一等，因而把別人看成是能控制自己的「權威人士」。

然而，不論出於何種理由，這些不敢說「不」的人通常承認自己受感情所支配。不管過去的經歷如何，他們從未在別人提出要求時有一個準備好的答覆。

假如發現自己的拒絕是完全公平合理之時都很難啟齒說「不」，那麼請用以下這些方法幫助你自己：

(1) 在別人可能向你提出不能接受的要求之前作好準備。

(2) 把你的答覆預先練習一遍，準備三至四套可使用的句子（例如：「對不起，我這幾天對此只能說『不』」、「我正忙得不可開交呢。」）對著自己大聲練習幾遍。

(3) 當你說「不」時，別編造藉口。如果你有理由拒絕而且想把理由告訴別人，是很好的。要簡潔明瞭，一語中的。但你不必硬找理由。你有充分的權力說「不」。

(4) 在說出「不」之後要堅持，假如舉棋不定，別人會認為可以說服你改變主意。

(5) 在說出「不」之後千萬別有負罪感。

2・用推脫表示「不」

一位客人請求你替他換個房間，你可以說：「對不起，這得值班經理決定，他現在不在。」

你和妻子一起上街，妻子看到一件漂亮的洋裝，很想買，你可以拍拍衣袋：「糟糕，我忘了帶錢包。」

有人想找你談話，你看看錶：「對不起，我還要參加一個會議，改天行嗎？」

3・用沉默表示「不」

當別人問：「你喜歡亞蘭 ・ 德倫嗎？」你心裡並不喜歡，這時，你可以不表態，或者一笑置之，別人即會明白。

一位不大熟識的朋友邀請你參加晚會，送來請帖，你可以不予回覆。它本身說明，你不願參加這樣的活動。

4・用拖延表示「不」

一位女友想和你約會。她在電話裡問你：「今天晚上八點鐘去跳舞，好嗎？」你可以回答：「明天再約吧，到時候我打電話給你。」

你的同事約你星期天去釣魚，你不想去，可以這樣回答：「其實我很喜歡釣魚，但自從成了家，星期天就被妻子沒收啦！」

5．用迴避表示「不」

你和朋友去看了一部拙劣的武打片，出電影院後，朋友問：「你覺得這部片子怎麼樣？」你可以回答：「我更喜歡抒情點的片子。」

6．用反詰表示「不」

你和別人一起談論國家大事。當對方問：「你是否認為物價增長過快？」你可以回答：「那麼你認為增長太慢了嗎？」

你的戀人問：「你討厭我嗎？」你可以回答：「你認為我討厭你嗎？」

7．用客氣表示「不」

當別人送禮品給你，而你又不能接受的情況下，你可以客氣回絕：一是說客氣話；二是表示受寵若驚，不敢領受；三是強調對方留著它會有更多的用途等。

8．用外交辭令說「不」

外交官們在遇到他們不想回答或不願回答的問題時，總是用一句話來搪塞：「無可奉告」。生活中，當我們暫時無法說「是與不是」時，也可用這句話。還可以說些搪塞話：「天知道。」「事實會告訴你的。」「這個嘛，難說。」等等。

9．以友好、熱情的方式說「不」

一位作家想和某教授交朋友。作家熱情的說：「今晚我請你共進晚餐，你願意嗎？」不巧教授正忙於準備學術報告會的講稿，實在抽不出時間。於是，他親切笑了笑，帶著歉意說：「對你的邀請，我感到非常榮幸，可是我正忙於準備講稿，實在無法脫身，十分抱歉！」他的拒絕是有禮貌而且愉快的，但又是那麼乾脆。

10·避免只針對對方一人

某造紙廠的推銷員到某公司推銷紙張。推銷員找到他熟悉的這個公司的總務處長，懇請他訂貨。總務處長彬彬有禮：「實在對不起，我們公司已和某國營造紙廠簽訂了長期購買合約，規定不再向其他任何廠商購買紙張了，我也應按照規定辦。」因為總務處長講的是任何廠商，就不僅僅針對這個造紙廠了。

當我們羞於說「不」的時候，請恰當運用上述方法吧。但是，在處理重大事務時，就不能有半點含糊，應當明確說「不」。

4·拒絕的實用技巧

拒絕是一種藝術。藝術就有藝術的規律可循。掌握了拒絕的實用技巧，在不同的場合加以變通，就不再是一件難事。

(1) 強調自己的困難

有些求人的事，由於種種原因，不好意思直接開口，喜歡用暗示來投石問路。這時你最好用暗示來拒絕。

有個到城裡工作的張某，來找住在這裡的好友李某，一面訴說打工之艱難，一面說租房又沒有合適的。言外之意是要借宿。

李某聽後馬上暗示說：「是啊，城裡的房子和鄉下的房子比起來可真是太小了，以我家來說吧，這麼一間小公寓，住著三代人，我兒子晚上還只能睡沙發。要不是這樣，你大老遠來看我，我難道不該留你們在我家好好住上幾天嗎？可是實在做不到啊！」張某聽後，就非常知趣的走開了。

(2) 用「習俗」為藉口

一位女士因公出差，在火車上與一位看起來挺有涵養的男士坐在一起。這位男士主動和她搭訕，女士覺得一個人乾坐著也挺無聊的，於是就和他攀談起來。開始時這位男士還算規矩，和女士只是談談乘車的感受以及對當今社會上一些不合理現象的看法。可不知怎麼，談著談著，這位男士竟然話題一轉，問了女士一句：「你結婚了嗎？」

顯然，這個問題可能別有用心，所以女士有些不高興，但她態度平和的對那位男士說：「先生，我聽人說過這樣一句話，前半句是『對男人不能問收入』，所以我才沒有問你的收入；後半句是『對女人不能問婚否』，所以你這個問題我是不能回答了。請原諒。」那位男士聽女士這麼一說，也覺得有點唐突，尷尬笑了笑，不再說話了。這位女士既表達了對對方失禮的不滿，又沒有讓對方下不了台，可謂一舉兩得。

(3) 借他人之口加以拒絕

小李在電器商場工作。一天，他的一位朋友來店裡買 DVD。看遍了店裡陳列的樣品，他都不滿意，要求小李領他到倉庫去看看。小李面對朋友，「不」字說不出口。於是他笑著說：「前幾天經理剛宣布過，不准任何顧客進倉庫。」儘管小李的朋友心中不大滿意，但畢竟比直接聽到「不行」的回答減少了幾分不快。

(4) 藉故拖延

某公司一名職員找到主任要求調換工作，主任知道不能調，但他沒有馬上回答「不可能」，而是說：「這個問題涉及到好幾個人，我個人決定不了。我把你的要求提出和老闆討論一下，過幾天答覆你，好嗎？」

這樣回答可讓對方明白：調換工作不是簡單的事，存在著兩種可能，使對方思想有所準備，這比當場回絕效果要好得多。

(5) 限定苛刻的條件

有位名作家應邀演講，演講排在下午第一堂課，又是大熱天，是學生最愛打瞌睡的時候，他一上台，就聲明說：「在這悶熱的午後，要各位聽我說話，一定會想打瞌睡，我想沒關係，各位可以安心睡。但是有兩個原則要遵守，一是姿勢要雅，不可趴在桌上；二是不准打呼嚕，以免干擾別人聽講。」

語畢，全堂轟然大笑，瞌睡蟲一掃而空。這種表面同意，其實是禁止的說話藝術，常能發揮勸止的功效。

（6）先肯定後否定

有時對方提出的要求有一定的合理性，但因條件的限制又無法予以滿足。這種情況下，拒絕言辭要盡可能委婉，予以安慰，使其精神上得到些許滿足，以減少因拒絕產生的不快和失望。在語言表達上可採用「先肯定後否定」的形式，要委婉，留有餘地。

（7）隱晦曲折提出另外的建議

有時，對一些明顯不合情理或不妥的做法必須予以回絕。但為了避免因此引起衝突，或由於某種原因不便明確表示，可採用隱晦曲折的語言向對方暗示，以達到拒絕的目的。請看下面一段對話：

甲：「我們的希望是下一次會議能在倫敦召開，不知您以為如何？」

乙：「英國菜的味道不好，特別是我上次去時住的那個飯店更糟糕。」

甲：「那麼您覺得我今天用來招待您的法國料理味道如何？」

乙：「還算可以，不過我更喜歡吃美式料理。」

乙方用「英國菜不好」、「法國的料理還可以」、「喜歡吃美國料理」，委婉含蓄拒絕了在英國、法國開會的建議，暗示了希望在美國舉行會議的想法。

（8）避實就虛法

當別人要求你公開某些情況，而你不想或不能作出一些明確的回答時，可以採取避實就虛的手法，避免作實質性回答。

（9）改變話題法

如不願回答別人向你打聽的事情時，可用巧妙變換話題的方法，讓對方處於被動地位，從而改變意圖。

（10）以鼓勵的方式拒絕

某人在屋簷下躲雨，看見一個和尚正撐傘走過。某人說：「大師，普渡一下眾生吧？帶我一程如何？」

和尚說：「我在雨裡，你在簷下，而簷下無雨，你不需要我渡。」

某人立刻跳出簷下，站在雨中：「現在我也在雨中了，該渡我了吧？」

和尚說：「我也在雨中，你也在雨中，我不被淋，因為有傘；你被雨淋，因為無傘。所以不是我渡你，而是傘渡我，你要被雨渡，不必找我，請自找傘！」說完便走了。

（11）幽默輕鬆，委婉含蓄

有人想讓莊子去做官，莊子並未直接拒絕，而是打了一個比方，說：「你看到太廟裡被當作供品的牛馬嗎？當牠尚未被宰殺時，披著華麗的布料，吃著最好的飼料，的確風光，但一到了太廟，被宰殺成為牲品，再想自由自在生活著，可能嗎？」莊子雖沒有正面回答，但一個很貼切的比喻已經回答了，讓他去做官是不可能的，這種方法就是委婉的拒絕法。

5・該拒絕就拒絕

有些人天生害怕說「不」，害怕別人否認自己的能力，害怕駁了別人的面子。孰不知一味接受只會使自己越來越麻煩，而一時的尷尬卻可以換來永遠的寧靜。因此，有時也要把「不」大膽說出口。

誠然，與人交往和幫助別人是重要的。但更要懂得學會說「不」。這裡就有必要提醒大家：當自己不是心甘情願時，別害怕講「不」字。那麼在什麼場合應該說「不」呢？現舉出幾例：

（1）當別人所期待的幫助是完全出於只考慮他個人利益的時候

假如一個朋友打算請你深夜開車送他到機場。而你確信他可以搭計程車去，而如果你去送他，不但影響一夜睡眠，還會影響次日安排，你就要考慮拒絕。當然，如果他是順路想搭你的車，只是要你等他幾分鐘的話，你就應盡力幫忙。

（2）當有人試圖讓你代替完成其分內工作時

偶爾為別人代一、兩次班關係不大，如果形成習慣，別人就會對你產生依賴性，變成你義不容辭的義務。

（3）你準備晚上寫點東西或做點家務，朋友卻邀請你去聚會

如果是千里之外的朋友偶然來聚當然另當別論。

當然生活中的類似場合遠不止列出的這些，總之，只要考慮到可能給自己帶來某些不方便，就要考慮說「不」，除非因此會給別人帶來更大的麻煩。也許你會說：我何嘗不想拒絕，但該怎樣拒絕呢？

以下有幾個建議：

（1）立即答覆，不要使對方對你抱有希望

要打消為避免直接拒絕而尋找脫身之計的念頭。請不要說：「我再想想看」，或「我看看到時候行不行」等等。明確告訴對方：「實在抱歉，這是不行的。」

(2) 如果你想避免生硬的拒絕，就提出一個反建議

假如朋友打電話問道：「今天晚上去跳舞吧！」你不想去，就可以說：「哎呀，今天晚上不行，改日我邀請你吧。」

(3) 不要以為每次都有必要說明理由

在很多時候，你只要簡單說一句：「我實在有更重要的事要做。」就可得到絕大多數人的諒解。

只要我們充分認識到過多參與不必要應酬的危害，知道自己在什麼情況下該拒絕別人，並且在拒絕的時候採取正確的方法，我們就能節省大量的時間，而且不至於因此而發生人際關係方面的問題。

6·拒絕上司有妙招

拒絕上司需要一種高超的策略。那麼，該怎樣拒絕才能達到自己的目的，又盡量不得罪上司呢？

馮先生是某公司人事部的部長，經常處於矛盾的包圍之中，上級的話他不得不聽，違心的事也要辦；下邊的事不敢應，一應就是一大串，他當得苦不堪言。

一次，劉副總讓他想辦法將其剛畢業的侄子安插到某部門去，這不符合公司規則，讓馮部長很為難，因為一旦出現問題，承擔責任的是他，而非劉副總；這時他想起了迴避鋒芒，不直接對抗的退讓之法，便小試牛刀。

馮部長對劉副總說：「好，我會盡心為您辦這件事的，你讓你的侄子把他的畢業證書、檔案資料送過來。」

過了幾天，劉副總又來問這件事情，馮部長說：「劉副總，你先和那個部門的部長談談，只要他們接受，我這就為他安排。」

劉副總從馮部長的話裡顯然已聽出了弦外之音，只好說：「那就再說吧。」

馮部長對劉副總沒有採取直接對抗的方法，而是欲擒先縱、迴避鋒芒，達到了保護自身的目的。

官場上的矛盾、衝突、痛苦，使大部分人都會處於戰爭狀態。用欲擒先縱的辦法，迴避鋒芒，不直接對抗，能讓你的心靈自在、祥和，矛盾也會在迂回曲折中得到妥善解決。一旦迴避了鋒芒，你就會發現事情原本可以很簡單。識時務者為俊傑，當你處於矛盾的漩渦中時、當你處於矛盾的焦點時，你不妨暫且退讓一步，再伺機推託。

7．拒絕求愛有方法

被愛是一種幸福，如果愛你的人正是你所愛的人。但是，假如愛你的人並不是你的意中人，或者你一點也不喜歡他，你就不會感覺被愛是一種幸福了，你可能會產生反感甚至是痛苦，這分你並不需要的愛就成了你的精神負擔。

別人愛你，向你求愛，他並沒有錯；你不歡迎，你拒絕他的愛，你也沒錯。最關鍵的是看你怎樣拒絕，如果拒絕得恰到好處，對雙方都是一種解脫，也可以免去許多麻煩。如果你不能恰到好處的拒絕別人，就可能犯下錯誤，傷害他人也危害自己。

怎樣對愛你的人說出你的不愛，並在不傷害對方的情況下，讓他接受這個事實呢？

拒絕求愛的方法有多種，從形式上，可以用簡訊、或面對面交談。但不管用什麼樣的方法，一定要做到恰到好處。以下幾點建議，可供你參考：

(1) 直言相告，以免誤會

你若已有意中人，又遇求愛者，那麼就直接明確告訴對方，你已有愛人，請他另選別人，而且一定要表明你很愛自己的戀人。同時，切忌向求愛者炫耀自己戀人的優點、長處，以免傷害對方的自尊心。

(2) 講明情況，好言相勸

倘若你認為自己年齡尚小，不想考慮個人戀愛問題，那就講明情況，好言勸解對方。

(3) 婉言謝絕

倘若你不喜歡求愛者，根本沒有建立愛情的基礎，可以在尊重對方的基礎上，婉言謝絕。對自尊心較強的男性和羞澀心理較重的女性，適合委婉、間接拒絕。因為有這類心理的人，往往是克服了極大的心理障礙，鼓足勇氣才說出自己的感情，一旦遭到斷然的拒絕，很容易感覺受傷害，甚至痛不欲生，或者採取極端的手段，以平衡自己的感情創傷。因此拒絕他們的愛，態度一定要真誠，言語也要十分小心。你可以告訴他你的感受，讓他明白你只把他當朋友、同事或者當兄妹看待，你希望你們的關係能保持在這一層面上，你不願意傷害他，也不會對別人說出你們的祕密。

你不妨說：

「我覺得我們的性格差異太大，恐怕不合適。」

「你是個可愛的女孩，許多人喜歡你，你一定會找到合適的人。」

「你是個很好的男人，我很尊重你，我們能永遠當朋友嗎？」

「我父母不希望我這麼早談戀愛，我不想傷他們的心。」

如果是自尊和羞澀感都挺重的人沒有直接示愛，只是用言行含蓄暗示他的感情，那麼，你也可以採取同樣的辦法，用暗含拒絕的語言，用適當的冷淡或疏遠來讓他明白你的心思。

要記住，拒絕別人時千萬不要直接指出或攻擊對方的缺點或弱點，因為你覺得是缺點或弱點的東西，對對方或某些人也許並不認為是缺點。所以，不能以一種「對方不如自己」的優越感來拒絕對方。

（4）冷淡、果斷

如求愛者是那種道德敗壞或違法亂紀的人，你的態度一定要果斷。拒絕要冷淡，對這類人也無必要斥責，只需寥寥數語，表明態度即可，但措詞語氣要嚴謹，不使對方產生「尚有餘地」的想法。

對嫉妒心理極強的人，態度不必太委婉，可以明確告訴他，你不愛他，你和他不可能，這樣可以防止他猜忌別人。如果你另有所愛，最好不讓他知道，否則可能加劇他的妒恨心理，甚至被激怒而採取極端的報復行為。

另外，對方在你回絕後，如果還拚命纏住你，那麼，你首先要仔細檢查一下自己的回絕態度是否明確和堅決，對方是否產生了誤解；其次可以透過雙方家長出面勸說；如果對方威脅你，那麼更要及時告知長輩。

第六章
說服的藝術

說服不是要告訴對方「你應該如何如何」這麼簡單，而是讓對方信服的一個過程，這就要求我們掌握說服的藝術。

1‧說服並不等同於批評

說服與批評之間，既有相似相通之處，又有相異相悖之處。這是兩個部分的外延又重疊的概念。

說服與批評，都有對人施加影響，從心理上征服人的意圖。批評常輔以說服，批評離不開說服；說服有時也帶有批評，但說服不一定都帶批評。如推銷產品時，一般都是向對方大講好話，極少有批評顧客、買方的。被批評者，一般都有缺點、錯誤。

批評的目的就是為了說明對方改正，說服人接受你的主張，總要或多或少能給對方帶來一定的精神上或物質上的好處，說服的過程，就是宣傳這種好處，令對方信服。被說服者不一定有什麼缺點、錯誤，他放棄的主張與接受你宣傳的主張，不一定有正誤之分，可能只有全面、完美的程度之別。

一位父親的記述讓我們佩服他說服兒子的技巧：

昨天晚上，我太太拿電話帳單給我看：

「瞧瞧，兒子在我們去歐洲的時候，打了多少長途電話，」她指著其中一項，「單單這一天，就打了一小時四十分鐘。」

「什麼？這還得了！」我立刻準備上樓去說他。可是，剛站起來，又坐下了，我想自己在氣頭上，還是不說的好。而且兒子這麼大了，我要說，也得有點技巧。我把話忍到今天，中午吃飯的時候，我對兒子笑著說：「你馬上回學校了，查一查資料，找一家長途費率最低的電話公司。」然後，又來個急轉彎，「咳，其實你上博士班，恐怕也沒有時間打，我是多操心了。」

「是啊，是啊，」他不好意思的說，「你是不是看到了我上個月的電話帳單？那陣子因為有一大堆事急著聯絡，所以確實打多了。」

吃完飯，我很得意，覺得自己把要說的「省錢、少打電話、別誤了功課」這些話，全換個方法說了，卻沒一點不愉快。

批評的態度較嚴肅或嚴厲，說話的語氣也較重、較強硬；說服的態度較溫和，說服的語氣也較輕、較委婉。批評的話語，貶義詞多於褒義詞，否定詞多於肯定詞。說服的話語，褒貶皆可；根據說服的對象與內容的不同，有時褒多於貶，有時貶多於褒。

如果進一步仔細分類，說服還可以再分為批評性說服與讚美性說服兩類，接受批評，可能會屬於自覺自願，也可能多少帶點勉強，接受說服，完全是自覺自願，不帶任何勉強。

民主空氣濃厚、解決矛盾糾紛時，說服多於批評，協商多於命令，其結果是人際關係和諧，人心團結向上，社交往來活躍。反之，則人際關係緊張，人心貌合神離，社交生活沉寂，雖然說服與批評皆不可少，但我們希望在一切社交場合，說服多一些，批評少一些。遇有矛盾分歧，盡可能多採用說服手段。

2·說服要先站在對方的立場上

人是感情動物，我們主觀上講邏輯講道理，但不應該忽視感情這一點。如果你想跟別人建立成功的關係，就要考慮到別人的感情。正如保羅 · 帕卡所說：「在與人交流中講感情比講理性更能成功。」因此，在說服他人時，應該考慮對方的感情，看他是否樂意，心中有何想法，是否接受請求。這樣才能說得人心服口服。

一位女士進一家鞋店買鞋。鞋店的一位男店員態度極好，不厭其煩替她找合適的尺碼，但都找不到。最後他聳了聳肩說：

「看來我找不到適合你的，你一隻腳比另一隻腳大。」

那位女士很生氣，站起來要走。鞋店經理聽到了兩人的對話，他請女士留步。男店員看著經理勸那女士再坐下來，沒過多久一雙鞋就賣出去了。

女士走後，那店員問經理：「你究竟是用什麼辦法做成這筆生意的？剛才我說的話跟你的意思一樣，可她很生氣。」

經理解釋說：「不一樣啊，我對她說她一隻腳比另一隻腳小。」

經理也把真相告訴那位女士，但他考慮到她的感情，而且跟她說話時講究技巧，又帶著尊重。他從那位女士的角度看問題，所以成功了。

注重別人的感情，然後以尊重的態度為別人考慮，這種本領真是十分有用的。正如小說家約瑟夫 · 康拉德說的：「給我合適的字眼，合適的口氣，我可以把地球推動。」

只有考慮到別人的情感，照顧到別人的情緒，在說服別人時才有可能被人接受，不至於被一口回絕。

你需要知道別人的感受，並且在說服時把這點也考慮進去。不這樣做就是貿然行動，徒然讓別人看輕你。如果不揣測別人的感受，又沒有從對方那裡得到足夠的資訊，只會暴露你對別人了解的不足。一旦你把這些莫須有的看法套在別人身上，別人就會對你失去信任，他們會因為你不了解他們而覺得受到傷害，有時候在極端的情況下，他們會覺得受到玩弄而變得反抗性十足。

你得注意每個人都有相當多的不同的個人經驗，而在你能夠接近他們或者改變他們的看法之前，這些經驗構成了他們對事情的看法。要改變別人的態度，通常即意味著要開啟他們潛藏在背後的情感，然後提供更好、更有用的其他選擇給他們。

考慮一下他們的看法、感覺是什麼，還有為什麼。他們知道自己的問題在哪裡，大概比較起來相信你的問題還比較次要，這又有部分是源自每個人固有的孩子氣且以自我為中心的觀點。

如果你想要開始說服別人，你必須這樣做：讓他們說話，並試著站在他們的立場上。

說服人的方法和技巧很多，但如果站在對方的立場上進行說服，效果會更好，以下幾種是比較實用和簡便的說服方法：

妙計一：用高尚的動機激勵他

在一般情況下，每個人都有崇高的道德、正派的作風，都有起碼的政治覺悟和做人道德。所以，在說服他人轉變看法的時候，一個有效的辦法就是，用高尚的動機來激勵他。比如說這樣做將為社會、公司帶來什麼好處，或將為家庭、子女帶來什麼好處，或將對自己的威信有什麼影響，等等。這往往能夠很好的啟發他，讓他做應該做的事。

妙計二：用熱忱的感情感化他

當說服一個人的時候，他最擔心的是可能要受到的傷害。因此，在思想上先砌上了一道牆。在這種情況下，不管你怎麼講道理，他都聽不進去。解決這種心態的最有效的辦法就是，要用誠摯的態度、滿腔的熱情來對待他，在說服他的時候，要用情不自禁的感情來感化他，使他從內心受到感動，從而改變自己的態度。

妙計三：透過交換資訊促使他改變

實踐證明，不同的意見往往是由於掌握了不同的資訊所造成的。有些人知識欠缺，對一些問題不理解；也有些人習慣於老的做法，對新的做法不了解；還有些人聽人誤傳，對某些事情有誤解，等等。在這種情況下，只要能把新的資訊傳給他，他就會覺察到行為不是像原來想像的那麼美好，進而採納說服者的新主張。

妙計四：激發他主動轉變

要想讓別人心甘情願去做某事，要有效的方法，不是談你所需要的，而是談他需要的，教他怎麼去得到。所以有人說：「撩起對方的急切意願，能做到這一點的人，世人必與他同在；不能的人，將孤獨終生。」

探察別人的觀點並且在他心裡引起對某項事物迫切需要的願望，並不是指要操縱他，使他做只對你有利而不利於他的某件事，而是要他做對他自己有利，同時又符合你的想法的事。這裡要掌握兩個環節：一是說服人要設身處地談問題，要把別人的事當作彼此互相有利的事來加以對待；二是在促使他行動的時候，最好讓他覺得不是你的主意而是自己的主意。這樣他會喜歡，會更加主動和積極。

妙計五：用間接的方式促使他轉變

說服人時如果直接指出他的錯誤，他常常會採取守勢，並竭力為自己辯護。因此，最好用間接的方式讓他了解應改進的地方，從而讓他達到轉變的目的。所謂間接的方法有很多，如把指責變為關懷、用形象的比喻來加以規勸、避開實質問題談相關的事、談別人的或自己的錯誤來啟發他、用建議的方式提出問題，等等。這就要靠說服者根據實際情況加以運用。

妙計六：注意平時的交往

被說服者是否接受意見，往往和他心目中對說服者的「期望」心理有關。說服者如果威望高，一貫言行可靠，或者平時和自己感情好，覺得可以信賴，就比較願意接受他的意見；反之，就有一種排斥心理。所以作為說服者，平時要注意多與被說服者交往，和他們建立深厚的感情，這樣在工作的時候，就能變得主動有力。

3. 從對方感興趣的話題談起

在勸說中，有時要有意避開對方的諱忌點，繞道而行，選擇對方感興趣的話題談起，不要過早暴露自己的意圖，按照預定的迂回路線，步步靠近。當對方跟著你走完一段路程的時候，對方已經不自覺向你的觀點投降了，這也就是曲言婉至的妙處。

伽利略年輕時就立下雄心壯志，要在科學領域有所成就，他希望得到父親的支持和幫助。

一天，他對父親說：「父親，我想問你一件事，是什麼促成了你同母親的婚事？」

「我看上她了。」

伽利略又問：「那你有沒有想過娶別的女人？」

「沒有，孩子，老天在上，家裡的人要我娶一位富有的太太，可我只對你媽媽鍾情，我追求她就像一個夢遊者，要知道你母親從前是一位美豔動人的姑娘。」

伽利略說：「這倒確實，現在也還看得出來，你不曾想過娶別的女人，因為你愛的是她。你知道，我現在也面臨著同樣的處境，除了科學以外，我不可能選擇別的職業，因為我喜愛的正是科學。別的對我毫無用途！難道我要去追求財富、追求榮譽？科學是我唯一的需要，我對它的愛有如對一位美貌女子的傾慕。」

父親說：「像傾慕女子那樣，怎麼能這樣說呢？」

伽利略：「一點不錯，親愛的父親，我已經十八歲了。別的學生，哪怕是最窮的學生，都已想到自己的婚事，我可從沒想到那上面去。我不曾與人相愛，我想今後也不會。別的人都想尋求一位標緻的畢安卡，或是一位俊俏的盧斯婭，而我只願與科學為伴。當人們提及婚姻方面的事情，我就感到羞臊。」

父親沒有說話，仔細聽著。

伽利略繼續說：「我親愛的父親，你有才幹，但沒有力量，而我卻能兼而有之！為什麼不能設法達到自己的願望呢？我會成為一個傑出的學者，獲得教授身分。我能夠以此為生，而且比別人生活得更好。」

父親說：「可我沒有錢供你上學。」

「父親，你聽我說！很多窮學生都領取獎學金，這錢是公爵宮廷給的。我為什麼不能去領一分獎學金呢？你在佛羅倫斯有那麼多朋友，他們對你不錯，會盡力幫助你的。也許你能到宮廷去把事辦妥，他們只需要去問一問公爵的老師奧斯蒂羅 · 利希就行了，他了解我，知道我的能力。」

父親被說動了，「嗯，你說得有理，那是個好主意。」

伽利略抓住父親的手，猛力搖動：「我求求你，父親，求你想方設法，盡力而為。我向你表示感激之情的唯一方式，就是……就是保證成為一個偉大的科學家。」

伽利略最終說動了父親，實現了自己的理想，成為了一位聞名世界的科學家。

4. 打比方更有說服力

妙喻說理術，是辯論家最常用的謀略武器之一。為了引導對方認識某個道理，需藉助某一個類似的事物加以說明和描述，能把抽象的道理說得具體，能把深奧的哲理講得淺顯，能把生疏的事物說得熟悉。

劉向《說苑》中有一個這樣生動的故事：

有人對梁王說：「惠子這個人說話善於打比喻。假若大王您不讓他打比喻，那麼，惠子就沒法說話了。」

於是，梁王對惠子說：「希望你今後說話時不要打比喻了。」

惠子回答說：「假若有個人不知道『彈』為何物，您告訴他『彈就是彈』，你能明白嗎？」

梁王說：「當然不能明白呀！」

惠子接著說：「如果您改換一種說法，告訴他：『彈的樣子像弓，弦是用竹子做的。』那麼，他該明白了吧？」

梁王說：「當然明白了。」

惠子說：「我要把我知道的事物告訴不知道這個事物的人們，您說不打比喻行嗎？」

梁王說：「不打比喻是不行的。」

這個故事中，本來梁王是不讓惠子再打比喻，可是惠子又悄悄打了一個比喻，說服了梁王。可見，比喻的力量還是很強的。妙喻說理術的妙用，能使善辯者以一個比喻，戰勝百萬之師，是克敵制勝的絕招。

季梁聽到魏王要攻打趙國邯鄲的消息，趕去拜見魏王，說：「今天我來的時候，在大路上看到一個人，正駕著車往北趕，他告訴我說，想到楚國去。我說：『你要去楚國，為什麼往北走呢？』他說：『我的馬好！』我說：『馬雖然好，這不是通往楚國的路呀！』他說：『我的盤纏多。』我說：『錢雖多，這還不是通往楚國的路啊！』他又說：『我的車夫本領高。』這幾個條件越好，而離楚國也就越遠！今天大王想成霸業，須舉信於天下。但你仗著國力強大、軍隊精銳而去攻邯鄲，以此擴大土地，提高威望。大王做的事越多，離稱霸的目標反而越遠！這和那人要去楚國卻往北走一樣啊！」終使魏王改變了初衷。

妙喻說理術以生動鮮明的喻體吸引對方去思考，往往能使對方冷靜深思，豁然頓悟。比喻，堪稱跟人溝通、說服人的有力武器。比喻製造的幽默，能夠使深奧的東西淺顯化。妙喻說理術是古今辯論家最常用的武器，是舌戰謀略的精華、交戰中的「常規武器」。

莊周是戰國時期著名的思想家，他一生過著清貧的隱居生活。一天，莊周的家裡又揭不開鍋了，妻子嘆息著一再催促莊周出去想點辦法。莊周萬般無奈，決定到他的好朋友監河侯那裡去借點糧食，以解燃眉之急。

事不湊巧，監河侯正在忙於收拾行裝準備外出，見到莊周後連忙寒暄：「多日不見，莊兄大駕光臨，不知又有何見教？」

莊周直截了當講明了來意。監河侯說：「借糧之事好商量。我正要進墟收租金，等我收完租金回來，再借給你三百兩銀子，好嗎？」說完，就要動身上路了。

莊周聽了監河侯的回答，心裡又氣又急，心想，你到城裡來回一趟要半月之久，等你回來，我一家老小豈不是全餓死了嗎？

好在莊周的口才遠近聞名，他略一思索，對監河侯說：「仁兄且慢，你陪我喝完這杯茶再走好嗎？」監河侯無奈，只好又坐了下來。

莊周一面喝茶，一面對監河侯說：「昨天，在我離家來你處的路上，聽到有呼救的聲音。我四處張望，並未看到有什麼異樣的情況，最後，在路旁的一道曾經積過水的乾水溝裡，發現一條快要乾死的小魚，在那裡張大嘴呼救呢。於是我問牠：『小魚呀小魚，你從哪裡來，怎麼變成了這個樣子呢？』小魚回答我說:『我從東海來，現在快要乾死了，你能不能給我一小桶水，救我一命呢？』我回答牠說：『要水嗎？這容易，你等著，我去見越國和吳國的大王，請他們設法堵住西江的水，然後，把西江的水引來迎接你回東海，好嗎？』小魚聽了很生氣:『我在這乾水溝裡快要死了，只要一小桶水就能活下去。如果照你的打算，等到西江水引來的時候，那就只能到賣攤魚的貨攤上找我了。」

聽到這裡，監河侯羞得滿臉通紅，立即吩咐家人，到糧倉去裝了滿滿一袋糧食，借給莊周。莊周接過糧食，謝過監河侯，這才回家了。

在這個故事中，莊周對朋友的冷淡並未斥責，也未哀求，而是以故事的方式巧妙比喻，讓監河侯自己去領會言外之意，收到了極好的效果。

5. 就事論事講道理

「動之以情，曉之以理」，這是勸導說服別人的最根本的兩條原則。以理服人就是擺事實，講道理，只有從你講的道理中領悟到其正確性，從而接受你的意見，按照你的意見行事。需要注意的是勸導說理要對準要害。大凡被勸者往往對某一問題想不開，心裡結了疙瘩，懷有成見。要說服他，就非對準這個要害不可。否則磨破嘴皮，也是隔靴搔癢，不能解決問題。勸導說理要具體實在，既不能講空話、套話、大話，需要的是實在的論證說理。

蕭何是漢初的名臣，有一次他向漢高祖劉邦請求將上林苑中的大片空地讓給老百姓耕種。

上林苑是為皇帝遊玩、嬉戲、打獵、消遣的園林。劉邦一聽蕭丞相居然要縮減自己的園林，不禁勃然大怒，認為蕭何一定是接受了老百姓的大量錢財，才這樣為他們說話辦事的。於是下令把蕭何逮捕入獄，同時審查治罪。當時的法官廷尉為討好皇上，只要皇上認定某人有罪，廷尉官不惜用大刑使犯人服罪。

就在這緊要關頭，旁邊，一位姓王的侍衛官上前勸告劉邦說：「陛下還記得原來與項羽抗爭以及後來剷除叛軍的時候嗎？那幾年，皇上在外親自帶兵討伐，只有丞相一個人駐守關中，關中的百姓非常擁戴丞相，假如丞相稍有利己之心，那麼關中之地早不是陛下的了。您認為，承相會在一個可謀大利的情況下而不謀，反而會貪占百姓和商人的一點小利嗎？」

簡單幾句話，句句擊中要害。劉邦深有感觸，終於認識到自己的魯莽，對不起丞相的一片誠心，自己感到非常慚愧，於是當天便下令赦免蕭何。

漢代的另一位開國元勳周勃，曾經幫助漢室剷除呂后爪牙，迎立漢文帝，有定策安邦的大功。可後來當他罷相回到自己的封地後，一些素來忌恨周勃的奸佞小人便趁機向漢文帝誣告周勃圖謀造反。漢文帝竟然也相信了，急忙下令廷尉將周勃逮捕下獄，追查治罪。按漢代當時的法律，凡是圖謀造反者，不但本人要處死，而且要滅家誅族。

就在周勃大禍臨頭的時候，薄太后出來勸文帝說：「皇上，周勃謀反的最佳時機是您未即位時，當時先皇留給您的玉璽在他手上，而且他還統率著主力部隊，但是周勃一心忠於漢室，幫助漢室消滅了企圖篡權的呂氏勢力，把玉璽交給了陛下。現在他罷相回到自己的小小封國裡居住，怎麼反而在這個時候想起謀反呢？」聽了這話，文帝的所有疑慮都沒了，並立即下令赦免了周勃。

薄太后憑著三寸不爛之舌，動之以情，曉之以理來勸說文帝，不但為周勃洗去不白之冤，而且還保全了他性命。可謂語言魅力之大矣。就事論事講道理，是每一個想要成大事者都必須修煉的一種語言功夫，透過短短幾句切中要害的話，也許就可以成就一個人的未來。

6. 巧妙設問說服對方

有人以為，主管在與下屬談話時只要大量使用肯定或提高聲調的語氣就行了。其實一味強調並不一定有良好的效果，反而是巧妙的問話往往可以使人記得更牢，效果更好。

我們知道，談話的目的在於讓對方接受，而接受的關鍵在於攻心。攻心有正攻有反攻，所謂正攻者，即正面說服的意思，循循善誘是其特徵，特別是當被說服的對象處於一種對道理不了解的狀況時，正面誘導就能起到畫龍點睛的作用。

從下面的事例中我們可以學到如何運用誘導攻心法來說服別人聽從你的勸告。

(1) 順勢問法

宋神宗時，孫覺出任福州知州，有一些窮人因拖欠官府的錢而被送進監獄。孫覺非常同情他們，當時正好有一些富人想出大錢來整修佛殿，富人們向孫覺請示。孫覺想了想說：「你們施捨錢財，為的什麼？」回答曰：「願意得福。」孫覺說：「佛殿沒怎麼壞，菩薩像也好好的。假若用這些錢為關在監獄裡的人償還他們所欠的官錢，使之脫離枷鎖之苦，那樣所得的福豈不更多嗎？」富人們不得已只好答應了。就這樣，孫覺從施捨錢財這一角度出發，將捐錢的目的順勢引到了救人積福方面，使富商們無話可說，解救了不少人的危難。

(2) 逼迫問法

秦宣太后在宮中守寡，與大臣魏丑夫暗中勾搭，情投意合。後來太后病重不起，臨死前感到離不開魏丑夫，就命令魏丑夫陪葬。

魏丑夫聽說此事嚇得面無人色，到處找人說情。大臣康芮自告奮勇找太后，一見就說，「死人還有知覺嗎？」

太后支支吾吾回答：「沒有知覺。」

康芮說：「既然沒有知覺，為什麼還要把生前所愛的人活活弄到墳墓裡和死人埋葬在一起呢？再說，如果死人有知覺，那麼在陰間的先王積怨也應該很久了。太后到了陰間連請罪還來不及，哪有什麼空去與魏丑夫相好呢？」太后沉吟了半晌，咬咬牙說：「罷了。」

康芮以「死人是否有知覺」為前提一開始就將太后逼到了沒有退路的地步，然後採用順勢問話迫使太后放棄拉人陪葬的主意，這種說理方式顯然是值得學習的。

在以上的例子中，政治家們都巧妙使用了問話的方式，而且問得巧妙，問完之後還要針對對方所回答的答案進一步說明，這樣對方就不知不覺進入了談話的圈套中，談話的主動權就掌握在你手裡，結果當然可想而知。

7．「將心比心」才有說服力

生活中說服的最佳結局是雙方達成共同認識，而啟發對方將心理位置互換，讓對方設身處地體驗別人的心理，主動調整自己的態度和行為方式，則是達到這一目的的行之有效的方法之一，這種方法就是將心比心術。

某商店有位營業員很會做生意，他的營業額比一般營業員都高，有人問他：「是不是因為能說會道，所以生意興隆？」

他回答說：「不是，我的祕密武器是當顧客是自己人。」

有一天，某位顧客站在櫃檯前東瞧瞧，西看看，還不時用手摸摸擺在櫃檯上的布料，卻不肯買貨。憑經驗，營業員判斷這位顧客是想買塊布料，於是趕忙迎上前去說：「您是想買這塊料子嗎？這塊料子很不錯，但是您要看仔細，這塊布染色深淺不一，我要是您，就不買這一塊，而買那一塊。」

說著，營業員又從櫃檯裡抽出一匹布料，在燈光下展開接著說：「您年齡和我差不多，穿這樣料子的衣服會更好些，美觀大方，要論價錢，這種料子比您剛才看到的那種多幾元，做一身衣裳也不貴，您仔細看看，這件是否比較划算？」

顧客見這位營業員如此熱情，居然幫自己選布料，於是不再猶豫，買下了營業員推薦的料子。

這位營業員之所以能成功做成這筆生意，就是因為運用了將心比心術。站在買者的立場上替顧客精打細算，現身說法，使對方戒備心理、防禦心理大大降低，而且產生了一致的認同感，故而說服了對方，做成了生意。

將心比心術，是站在對方的角度謀劃和考慮，了解他的心理，了解他的需求，了解他的困難，這種說服方法容易使對方接受，達成統一認識。

有一個計程車女司機把一男青年送到指定地點後，那個男青年掏出尖刀逼她把錢都交出來，她裝作害怕的樣子，交給歹徒一千元說：「今天我就只賺這一點，我還有一點零錢也給你吧。」說完又拿出五十元零錢。見女司機如此爽快，歹徒有些迷惑。女司機又說：「你家在哪兒？我送你回家吧，都這麼晚了。」見對方是個女子，又不反抗，歹徒便把刀收了起來，讓女司機把他送到火車站去。趁氣氛緩和，女司機又不失時機的啟發歹徒：「我家裡原來也非常困難，我們又沒什麼技能，後來就跟人家學開車，做起這一行來。雖然賺錢不多，但日子還算過得不錯。何況自食其力，窮點又有什麼關係呢！」見歹徒沉默不語，女司機繼續說：「唉，男子漢四肢健全，做什麼都可以，走上這條路一輩子就毀了。」

火車站到了，見歹徒要下車，女司機又說：「我的錢就算幫助你的，用它做點正事，以後別再做這種見不得人的事了。去學一門技術再自食其力吧！」

一直不說話的歹徒聽罷，突然哭了，把錢往女司機手裡一塞說：「大姐，我以後餓死也不做這事了。」說完，低著頭就跑了。

在這個事例中，女司機將心比心，把話說到了對方的心裡，而且最終達到了說服的目的，自己也沒有任何損失。

8．巧言激將

在說服的過程中，巧言激將，能夠把人的自尊心、自信心激起來，讓他更好的為你辦事。

《三國演義》中有這樣一個故事：

馬超率兵攻打葭萌關的時候，張飛主動請求出戰。

諸葛亮卻佯裝沒聽見，對劉備說：「馬超智勇雙全，無人可敵，除非往荊州喚雲長來，方能對敵。」

張飛說：「軍師為什麼小瞧我？我曾單人獨騎抗拒曹操百萬大軍，難道還怕馬超這個匹夫！」

諸葛亮說:「你在當陽橋抗曹，是因為曹操不知道虛實，若知虛實，你怎能安然無事？馬超英勇無比，天下的人都知道，他在渭橋大戰曹操，把曹操殺得割鬚棄袍，差一點喪命，絕非等閒之輩，就是雲長來也未必能勝他。」

張飛說：「我今天就去，如戰勝不了馬超，甘受軍令懲罰！」

諸葛亮看「激將法」起了作用，便順水推舟說：「既然你肯立軍令狀，便可以為先鋒！」

在《三國演義》中，諸葛亮針對張飛脾氣暴躁的特點，常常採用「激將法」來說服他。每當遇到重要戰事，先說他擔當不了此任，或說怕他貪杯酒後誤事，激他立下軍令狀，增強他的責任感和緊迫感，激發他的鬥志和勇氣，清除他輕敵的思想。

在說服別人替你辦事的時候，倘若能夠明白對方屬於哪種類型的人，說起話來就比較容易了。

有時別人不應允，如果只用直截了當的語言請他們，他們也許會一再拒絕。在這種情況下，巧用激將的語言法則會收到難以達到的效果。

一九六〇年，美國黑人富豪詹森意欲在芝加哥為公司總部創建一所辦公大樓，為此他跑了多家銀行，但始終沒有貸到款。

於是，他決定先上馬後加鞭，設法將他的兩百萬美元籌集起來，聘請一位承包商，要他放手進行建造，他再去想方設法籌集所需要的其餘五百萬美元。假如錢用完了而他仍然拿不到抵押貸款，他就得停工待料。

工程很快開始並持續施工，到所剩的錢僅夠一個星期開銷的時候，詹森恰好和大都會人壽保險公司的一個主管在紐約市一起吃晚飯。

詹森拿出經常帶在身邊的一張藍圖。正準備將藍圖攤在餐桌上時，那位主管對他說：「在這兒我們不便談，明天到我的辦公室來。」

第二天，當詹森斷定大都公司很有希望給他抵押貸款時，說：「好極了，唯一的問題是今天我就需要得到貸款的承諾。」

「你一定在開玩笑，我們從來沒有在一天之內給過這樣貸款的承諾。」主管回答。

詹森把椅子拉近主管，說：「你是這個部門的主管，也許你應該試試看你有無足夠的權力，能把這件事在一天之內辦妥。」

主管微笑著說：「你這是讓我為難，不過，還是讓我試試看吧。」

結果非常理想，詹森成功達到了自己的目的。

詹森在談話中暗示，他懷疑那位主管果真擁有那麼大的權力。主管聽了這話，感到自己權力的威嚴受到了質疑。那好，我就證明給你看！

以激將法說服別人，務必找到並擊中對方的要害，迫使他就範。就這件事來說，要害是那位主管對他自己權力的尊嚴感。

巧言激將，一定要根據不同的交談對象，採用不同的激將方法，才能收到滿意的效果。猶如治病，對症下藥，才有療效。

9．直言易惹禍，規勸要委婉

俗話說：「忠言逆耳」，這就說明了指出別人過錯的話往往刺耳難聽，但說些忠言逆耳的話也是必要的，只是有必要考慮把「逆耳之言」說得好聽些罷了。其實問題不複雜：在對別人尤其是上司提意見、糾錯時，要盡量避免用直言，而應採用委婉含蓄的語言形式。直言不諱有時帶有刺激性，容易傷害對方的感情，造成抵觸情緒；而婉言則比較溫和，既表明自己的觀點，又顯得有禮貌，對方也樂意接受——這樣可以使「忠言不逆耳」。

在這一點上，善用諷諫的晏子是個很好的榜樣。

春秋時期，齊景公喜歡打獵，他讓燭鄒為他管理禽鳥。不料，某天大風雪刮倒了圈養禽鳥的柵欄，禽鳥全部跑掉了。齊景公大怒，下令殺掉燭鄒。行刑前，足智多謀的晏子對景公說：「大王，請讓我將燭鄒的罪狀一一指出後再殺他，讓他死得心服口服，好嗎？」齊景公說：「可以。」

晏子來到燭鄒面前，大聲公布其三大「罪狀」：「燭鄒，你聽著，你有三大罪狀：第一，你怠忽職守，使大王喜愛的禽鳥丟失；第二，為此大王大動肝火，要殺你，這有害大王的健康；第三，各路諸侯聽到此事，會誤以為我們的大王是重鳥輕人的人，進而對大王心生疑忌，這對江山社稷的影響該多大呀！燭鄒，你可知罪？」

聽到這裡，齊景公猶豫了片刻，改口道：「不要殺燭鄒！」他對晏子說：「我聽到了你對我的暗示。放了燭鄒，免得我落個不仁的惡名。」

晏子本來對齊景公的任性和殘暴極為不滿，但他以譴責燭鄒、贊成齊景公的姿態說話，巧妙點出齊景公「重鳥輕人」將導致的後果，從而使齊景公在自己埋伏的語意中思悔、覺醒，既保住了君王的尊嚴又挽救了燭鄒的性命。這裡，晏子的說話做到了「忠言不逆耳」。

因為直言易惹禍，所以規勸上司時，要拐彎抹角說、要委婉表達，讓忠言不逆耳。為下屬者，每時每刻都應為上司留顏面，才是明智的做法。

諸葛亮的《出師表》就是篇「進盡忠言」的文章。它情真意切，感人至深，收到了「忠言逆耳」的表達效果。

《出師表》節選自晉代史學家陳壽所撰《三國志 · 諸葛亮傳》，這是諸葛亮在建興五年親率大軍北駐漢中、臨行伐魏之際寫給後主劉禪的奏章，通篇殷殷叮嚀，諄諄告誡，言辭巧妙，陳述得體。

《出師表》堪為忠言不逆耳的文章典範，一切說理論辯、建議忠告之辭，都可以從中得到些表達上的借鑑。當然，諸葛亮的一切構思都是建立在「以情動人」的基礎上的，情深方能辭切，感人全在意真。無論是分析形勢，提出建議，抑或是追述往事，剖明心跡，文章的一字一句無不浸透著作者從肺腑中自然奔湧而出的感情：這是諸葛亮的憂國忘身之情，也是他對劉備父子的忠貞不渝之情。結尾「臨表涕零」一語，將情感發揮至極致。唯其胸臆間有，才會筆底下見。也正是這種浸透著深摯真情的忠言忠心，感動了後主劉禪，也感動了千百年來的無數讀者，使得《出師表》成為膾炙人口，有口皆碑的名文。

由此可見，說服上司，要保住其臉面，這是指錯的最佳效果。

10．從對方的喜好處入手

每個人都有自己的喜好，進行說服時如果能從這方面入手，對方便對你好感大增，就容易成功。

已故的哈伯博士原是芝加哥大學的校長，也就是他那一時代最好的一位大學校長，他善於籌募數額龐大的基金。

一次，哈伯先生需要額外的一百萬美元來興建一座新的建築。他拿了一分芝加哥百萬富翁的名單，研究他可以向什麼人籌募這筆捐款。結果他選了其中兩個人，每一個都是百萬富翁，而且彼此都是仇恨很深的對手。

其中一位當時擔任芝加哥市區電車公司的總裁。哈伯博士選了一天的中午時分——因為，在這時候，辦公室的人員，尤其是這位總裁的祕書，可能都已外出用餐了——悠閒走入他的辦公室。對方對於他的突然出現，大吃一驚。

哈伯博士自我介紹說道：「我叫哈伯，是芝加哥大學的校長。請原諒我自己闖了進來，但我發現外面辦公室並沒有人，於是我只好自己決定，走了進來。」

「我曾多次想到你，以及你的市區電車公司。你已經建立了一套很好的電車系統，而且我知道你從這方面賺了很多錢。但是，每一想到你，我總是要想到，總有一天你也要進入那個不可知的世界。在你走後，你並未在這個世界上留下任何紀念物，因為其他人將接管你的金錢，而金錢一旦易手，很快就會被人忘記它原來的主人是誰。」

「我常想到提供給你一個讓你的姓名永垂不朽的機會。我可以允許你在芝加哥大學興建一所新的大樓，以你的姓名命名。我本來早就想給你這個機會，但是，學校董事會的一名董事先生卻希望把這分榮譽留給 X 先生（這位正是電車公司老闆的對手）。不過，我個人私下一向欣賞你，而且我現在還是支持你，如果你能允許我這樣做，我將去說服校董事會的反對人士，讓他們也來支持你。」

「今天我並不是來要求你做出任何的決定，只不過是我剛好經過這兒，想順便進來坐一下，和你見見面，談一談。你可以把這件事考慮一下，如果你希望和我再談談這件事，麻煩你有空時撥個電話給我。」

「再見，先生！我很高興能有這個機會和你聊一聊。」

說完這些，他低頭致意，然後退了出去，不給這位電車公司老闆任何表示意見的機會。事實上，這位電車公司老闆根本沒有任何機會說話，都是哈伯先生在說話，這也是他事先如此計畫的。他進入對方的辦公室只是為了埋下種子，他相信，只要時間一到，這個種子就會發芽，成長壯大。

果然，正如他所預想的那樣，他剛回到學校的辦公室，電話鈴就響了，是電車公司老闆打來的電話。他要求和哈伯博士定個約會。第二天早上，兩人在哈伯博士的辦公室見了面，一個小時後，一張一百萬美元的支票已經交到哈伯博士的手上了。

為了清楚展示哈伯先生說服別人的高明之處。我們不妨再來做這樣的假設，他在和那家電車公司老闆見面後，開頭就這樣說：「芝加哥大學急需基金來建造大樓，我特地前來請求你協助。你已經賺了不少錢，你應該對這個使你賺大錢的社會盡一分力量才對。如果你願意捐一百萬美元給我們，我們將把你的姓名刻在我們所要興建的新大樓上。」真是這樣，結果會如何呢？

顯然，沒有充分的理由足以吸引這位電車公司老闆的興趣。這些話也許說得很對，但他可能不願承認這一事實。

哈伯博士的高明之處就在於，他以特殊的方式提出說詞，而製造出機會。哈伯博士使這位電車公司老闆處於防守的地位。告訴這位老闆說，自己不敢肯定一定能說服董事會接受這位老闆想使自己的姓名出現在新大樓的欲望，因為，哈伯博士在那位老闆腦中灌輸了這個念頭：如果你不予捐款的話，你的對手及競爭者可能就要獲得這項榮譽了。

哈伯博士是位運用語言的傑出大師。當他請人捐款時，他總是先為自己能夠成功獲得這項捐款而鋪路。他先在請求捐款人的腦海中埋下為什麼應該把錢捐出的一個充足的好理由；這個理由自然會向這個捐款人強調捐款後的某些好處。通常，這種好處都是屬於商業上的。同時，它也會去吸引這個人天性中的某些興趣，以促使他希望他的姓名能夠在他死後永垂不朽，而且，通常他總是要事先仔細思索出妥當的計畫，並運用高超的說服技巧來使這個計畫更為完美妥善，再據此來加以勸導。

11．替別人著想的說服最易動心

假如說服別人有什麼祕訣，那就是設身處地替別人想想，了解別人想法和觀點。如果一味為自己的觀點和主張做爭辯，往往只會陷於困境。

在與人交往的過程中，豁達而謙遜的人最討人喜歡，自己可以不要面子，但永遠記得給別人面子，即使在說服別人的時候，說服高手也要先了解對方的願望再考慮說服問題。

有一天，美國的哲學家、詩人愛默生和他的兒子一起想把一匹小牛趕進牛欄。但他們犯了一個錯誤，他們只想到自己的願望，愛默生在後面推小牛，他的兒子在前面拽小牛。但小牛也有自己的願望，牠把兩隻前蹄撐在地上，執拗著不照他們父子的願望行動。小牛又沒有穿鼻繩，牠頑固的不肯離開牧地。他們家的愛爾蘭籍女傭見到這種情景，不由得笑著來幫助他們，她充分理解小牛的願望。她剛才在廚房幹活，手指上有鹽味兒，於是她像母牛餵奶似的，把有鹹味的手伸進小牛的嘴裡，讓牠吮著走進了牛欄。

從這個故事中我們不難悟出：動物尚且有自己的願望，更何況人呢？不了解對方的意願，光想自己認為怎麼樣就怎麼樣，難免會導致社交的失敗。

你如果要說服一個人做一件事，在開口之前，最好先問問自己：「如果是我，怎樣才願意去做這件事呢？」

在這方面，人際關係大師卡內基講過這樣一件事：

他每季都要在紐約的某家大飯店租用大禮堂二十個晚上，用以講授社交訓練課程。

有一季，他剛開始授課時，忽然接到通知，房主要他付比原來多三倍的租金。而這個消息到來以前，入場券已經印好，而且早已發出去了，其他準備開課的事宜都已辦妥。

很自然，他必須要去交涉。怎樣才能交涉成功呢？他們感興趣的是他們想要的東西。兩天以後，他去找經理。

「我接到你們的通知時，有點震驚。」他說，「不過這不怪你。假如我處在你的位置，或許也會寫出同樣的通知。你是這家旅館的經理，你的責任是讓旅館盡可能多盈利。你不這麼做的話，你的經理職位難得保住，也不應該保得住。假如你堅持要增加租金，那麼讓我們來合計一下，這樣對你有利還是不利。」

「先講有利的一面，」卡內基說，「大禮堂不出租給講課的而是出租給舉辦舞會、晚會的，那你可以獲大利。因為舉行這一類活動的時間不長，他們能一次付出很高的租金，比我這租金當然要多得多，租給我，顯然你吃大虧了。」

「現在，再來考慮一下不利的一面。首先，你增加我的租金，就是降低了收入。因為實際上等於你把我攆跑了。由於我付不起你所要的租金，我勢必再找別的地方舉辦訓練班。」還有一件對你不利的事實。這個訓練班將吸引成千上萬的有文化、受過教育的中上層管理人員到你的旅館來聽課，對你來說，這難道不是不需花錢的廣告嗎？事實上，假如你花五千元錢在報紙上登廣告，你也不可能邀請這麼多人親自到你的飯店來參觀，但我的訓練班為你邀請來了。這難道不划算嗎？」

講完後，卡內基準備告辭了：「請仔細考慮後再答覆我。」當然，最後經理讓步了。

卡內基在說服的過程中，沒有談到一句關於他要什麼的話，而是站在對方的角度想問題。

可以設想，如果他氣勢洶洶跑進經理辦公室，提高嗓門叫道：「這是什麼意思！你知道我把入場券印好了，而且都已發出，開課的準備也已全部就緒了，你卻要增加三倍的租金，你不是存心整人嗎？三倍！好大的口氣！我才不付呢！」

想想，那該又是怎樣的局面呢？大爭大吵必然砸鍋，你知道爭吵的必然結果：即使卡內基能夠辯得過對方，飯店經理的自尊心也很難使他認錯而收回原意。

12．說服的捷徑，先滿足別人

沒有人會隨便聽從你的意見或建議，除非你談論的是對方最感興趣的話題，否則你甭想說服他人。

說服有方的人總能找到成功的捷徑，那就是先滿足別人再滿足自己。他們也總是能從中獲取不少的利益，甚至反敗為勝。

日本有一家報社，有一次調換總編輯，新來的總編輯沒有在報界擔任過職務，甚至沒從事過一天最基層的採訪工作。他知道大家不服氣，上任第一天，他便在「就職演說」中含笑對大家說：「我來我們報社，別說是做總編輯，就是當資料室職員的資格恐怕也不夠格，因為關於資料的調查統計，我只對經濟方面略知皮毛。我有一個希望，想體驗一下做記者的艱辛，希望坐坐新聞記者的大車，同時也希望由於坐了大車就得到各位外勤同事的體驗，將來去某銀行請求他們合作，替本報同事辦一下郊區購房分期付款。」

新來的總編輯願意體驗他們的辛苦，更重要的是他竟對解決大家一直在意的住房問題這麼熱心，不擁護這樣的總編輯，還能擁護誰呢，他的話未講完，席上已是掌聲一片，大家都開始支持他了。

一位女歌星打算到東南亞表演歌舞，需要一兩個短劇本。她知道香港有一位很令她仰慕的作家，她想：「要是他能夠為自己創作就太好了！」但這女歌星也知道，雖然這位作家學貫中西、文筆風趣，但他脾氣古怪，而且工作也很忙。

於是，這位歌星打電話給她的朋友，說她已得到某導演的介紹，當晚要和這位作家共進晚餐了，然而她不知道怎樣向他開口提出請求。

「你打算請他寫些什麼短劇？」

「隨便他好了，只要他肯寫就行。」

「這樣子不好，他不了解你的愛好，可能寫得不理想，等到他寫好之後，你發覺不理想而又要請他修改時，問題便會變得嚴重了！」

「我希望有新的內容，不要老的故事。」

「這樣很好，他以前寫過不少這類東西，你只需說知道他寫過哪些劇本，十分崇拜就行。」

過了兩天，這位歌星打電話給她朋友，很高興的說：「他不等我提出要求，便答應替我寫兩齣短劇了。」

她朋友問：「你們在晚餐時，他一直在談論他過去那些得意之作，是不是？」

「你猜得對，我主要是講了他的作品怎樣受人歡迎。」

這就是說服中迎合別人的興趣所產生的成功！

在其他的說服過程中何嘗不是如此？你是否曾注意到別人的興趣？與人交往，你是否曾做過這方面的努力？有些人天生就說服有方，這當然很好。但如果不是天才的話，那就需要學習了。

大凡了解羅斯福的人，無不驚奇於他知識的廣博。無論是一個牧童、獵人、政客，還是一位外交家，羅斯福好像都明白該和他談些什麼。他是如何做到這一點的呢？其實答案很簡單。羅斯福每接見一位來訪者之前，都會花上一定的時間，了解有關這位客人特別感興趣的東西。

和所有的領袖一樣，羅斯福深諳與人溝通的訣竅：談論對方最有興趣的話題。

前耶魯大學教授、溫和的菲爾普早年就有過這種體會。他在一篇關於論人性的文章中寫道：

「我八歲那年，有個週末，我去探望我的姑母，並在她家度假。

有天晚上，一個中年人來訪，他與姑母交談之後，便將注意力轉向我。當時，我正巧對船很感興趣，而這位客人談論的話題似乎都離不開船。他走後，我向姑母熱情稱讚他，說他是一個多麼好的人！對船是多麼有興趣！而我的姑母告訴我說，羅斯福是一位紐約的律師，對有關船的知識其實一點興趣也沒有。但他為什麼始終與我談論船的事情呢，姑母告訴我：因為他是一位人品高尚的人。他見你對船感興趣，所以就談論能讓你喜歡並感到愉快的話題，同時也使自己為人所歡迎。」

在商業領域，多談些有關別人感興趣的話題也是一種很有價值交流方法。這樣你才能更輕鬆賺到錢。

杜弗諾先生是紐約一位麵包經營商，他千方百計想將公司的麵包賣給紐約一家旅館。四年來，他每星期都去拜訪一次這家旅館的經理，參加這位經理舉行的所有活動，甚至在這家旅館中訂了房間住在這裡，以期做成自己的買賣，但他還是失敗了。後來，在了解了說服的玄機之後，他決定改變做法。首先打算找出這個人最感興趣的是什麼，看什麼事情能引起他的熱心。經過一番周折之後，杜弗諾先生了解到此人是美國旅館協會的會員，十分嚮往成為該會的會長，因為他想升為國際招待員協會的會長，所以不論在什麼地方召開此類大會，他總會想方設法參加。

杜弗諾先生說：「第二天，我一見到他，就開始談論關於旅館協會的事。我得到的是一種多麼熱烈的反應！他對我講了很長時間關於旅館協會的事，他的聲音極富熱情。我可以清楚看出，這確實是他很感興趣的愛好。在我即將離開他的辦公室時，他勸我也加入這個協會。」

這次談話中，我沒有提關於麵包一個字。但幾天後，他旅館中的一位負責人給我打來電話，要我帶著貨樣及價目單前去見他。

「真不明白你對我們老闆做了些什麼事，」這位負責人不解，「但你的招數的確十分的有效。」

事後，杜弗諾感慨說：「我對這人窮追了四年，盡力想贏得他的買賣，如果我不費事去找他所感興趣的東西，恐怕我現在還不會有任何結果。」

所以，如果你要想說服他人，想讓他人對你產生興趣，切記：如果你需要別人做事或要別人聽從你的勸告，你就要首先滿足別人的喜好。

13．規勸別人的話必須好聽

良藥苦口利於病，忠言逆耳利於行。這句話重複多了，人們就會形成錯覺，規勸別人的話必須難聽，不難聽的話不配稱「忠言」。

商朝末年，紂王昏庸無道，比干丞相為了江山社稷，多次向紂王進諫，紂王不但沒有將他的進諫聽入耳，記於心，反將其剖心處死。

事實也未必盡然，關鍵看你怎樣說，會說的人也能讓忠言不逆耳。在現代社會中，有些人往往都比較自信，甚至自負，而且做事往往會獨斷專行。當你發現他的錯誤時，要怎麼才能把忠告說到他的心坎裡呢？

（1）突出你的誠意

為別人獻忠告，最重要的是讓對方體會到，你是誠心誠意為他好，完全是出於一片好心。當你指責他人時，如果讓對方感覺到你並不是出於關心才批評他，而是另有所圖，他不但不會接受你的批評，反而會把你當作他的一個敵人，馬上與你針鋒相對。

為別人提出忠告必須懷著一顆體諒的心。雖然說，他在做事時某些方面還不完善需要改進，但說不定他有難言的苦衷。所以，在獻忠告時，還要高呼理解萬歲，不要只講結果不講過程。

（2）用事實說話

為別人獻忠告，要建立在事實真相的基礎上，捕風捉影、無中生有只會弄巧成拙。只有在了解事實真相的情況下，才能正確判斷是否有必要提出忠告，忠告該怎樣去提，以什麼樣的角度提，取得的效果比較好。

假如你身為一個公司職員，沒有了解公司的各項業務、管理模式及背景，就妄自提出自己的看法，這樣很難獲得上級對你的信任。不但如此，上司還會認為你是一個只會誇誇其談的無能之輩。職場如此，社交場依然如此，在你不了解朋友的意圖時，就對他的行為評頭論足，只會增加他對你的怨恨。

（3）注意說話時採用的措辭

只將以上兩條運用到為他人獻忠告或提意見中還不夠，在進獻忠告時，還要注意你的措辭，要不然就很容易得罪人。

身為一名主管，如果對自己的員工說這樣的話，如「現在的年輕人太狂妄」，「不用管他，反正受損失的不是我們」，「有這樣的想法簡直太可笑了」……從這一點就可以證明，這樣的主管缺乏素養，是一名不合格的主管，不值得員工去擁護他。

雖然上級有指導屬下的義務，而這種義務的體現應該是以關愛做基礎，以懇切的忠告作為幫助下屬前進的動力，只有這樣才能獲得良好的人際關係。

（4）進忠告需講「場合」

在大庭廣眾之下為他人提忠告，往往很難讓人接受。因為提出忠告的時候必然會涉及對方的缺點，有可能觸動對方的傷疤。人有臉樹有皮，任何人被當眾揭短，都很難忍受，很容易下不了台，從而會產生抵觸的情緒。因此，即使你是善意的，他人也不會領你的情。

（5）注重時機的把握

一般情況下，人在感情衝動時，很難採納他人的忠告。因為，這時人們的理智正處於混亂階段，很難分辨出你的用意。如果選在這個時候提出忠告，不僅不能解決問題，反而惹來一身麻煩。

（6）簡明扼要突出重點

提出忠告的時候，簡明扼要很重要，思路雜亂，言語囉嗦肯定會影響忠告被採納的機率。

（7）留有讓對方迴旋的餘地

提忠告時，不能把對方的路堵死，切勿將他批評得一無是處，該隱藏的還是要隱藏，否則很容易引起對方的反抗心理，形成破罐破摔的局勢，最終忠告沒提成反倒被別人誤會為存心不良。含蓄的指責同時，不妨加些讚美，比如：「你平時工作很努力，表現得也很積極，唯一的一點小毛病就是欠缺那麼一點穩重，如果做事前再謹慎些，前途就更明亮了。」用這種口氣跟他說話，對方感受到的不是批評而是鼓勵，肯定非常願意接受你的忠告。

有話不能直說，直說會害人，很多人都能體會到這句話的真正含義。有些時候，你明明出於好意向別人獻上你的忠言，而別人不但不領情，反而弄得你「豬八戒照鏡子，裡外不是人」，出現這樣現象的原因何在呢？大多數是實話實說、直來直去造成的。

為別人提出忠告，同樣的一個忠告，不同的提法可能會為你贏得尊敬，也有可能惹來不必要的麻煩。所以，在為他人提忠告時千萬要謹慎行事，點到為止，留有餘地。

第七章
推銷的藝術

在生活中，能說會道未必就是優點；在行銷活動中，能言善辯卻是真實的才能。商場如戰場。那些優秀的推銷員之所以獲得成功，除了他們睿智的頭腦之外，還有一套伶牙俐齒的嘴上功夫。

1·行銷是一門口才藝術

語言是人與人之間交際的一種工具。人們也正是透過語言進行思想與感情交流，而保持了和諧的關係。對於行銷人員來說，語言是和客戶溝通的媒介，一切行銷活動首先是透過語言建立起了最初的聯繫，從而使得行銷活動不斷進展，最終達到行銷的目的。因此，語言交流是行銷活動的開端，這個頭開得好不好，直接關係到行銷活動的成敗。通常說來，說話要說到恰到好處，才能夠把自己與客戶的距離拉近，這樣生意就容易做成。

某家公司一次在舉辦化妝品展銷會時，有幾位年輕的行銷人員利用十分專業的術語詳細向消費者介紹了公司化妝產品的原料、配方、性能及使用的方法，他們在回答消費者問題時反應快，對答如流，不僅彬彬有禮而且幽默風趣，這給人們留下了一個好印象。

消費者又一次問道：「你們的產品真的像廣告上說的那樣好嗎？」一位行銷人員立即回答道：「在您試過之後就會感覺比廣告上說得更好。」

消費者又問：「如果買回去，用過以後感覺不那麼好怎麼辦？」

另一位行銷人員笑著說：「不，我們相信你的感覺。」

由於每個行銷人員運用巧妙的語言說動了消費者，使這次展銷會獲得很大成功，不僅產品銷量超過往次，更重要的是產品品牌的知名度大大提高。在公司召開的總結會上，公司經理特別強調，是行銷人員語言訓練有素促成了這次展銷活動。他還要求公司全體人員應該像行銷人員那樣，在「說話」藝術與技巧上面下番功夫。

語言交際可以說是一種建立在心理接觸基礎上的人際交往。因此心理因素對於語言交際的影響最大最為關鍵。行銷人員在同客戶進行交談時，一定要注意使自己的語言與對方的心理相貼近，盡可能消除由於心理障礙造成的隔閡。

如果行銷員說話不得體，甚至讓人覺得不好接受，剛一接觸印象就不好，那麼也自然就談不上能夠與之洽談生意了。作為一名合格的行銷人員，由於所從事職業的關係，說話需要做到掌握好分寸，說什麼樣的話，什麼時間進行說，如何說，要有職業特點才行。

這是因為，人們對任何事物的接受，首先應該是在心理上的接受，所以說把話說到人的心裡，事情才更容易辦。

一位消費者怒氣衝衝拿著一雙有品質問題的皮鞋來到了商場。正值鞋廠的行銷人員到商場了解鞋的銷售情況，他聽完這位消費者的申訴後，馬上說了一句：「你現在的心情我十分理解，如果我買了這樣的鞋，我也會氣成你這樣。」行銷人員的這句話使得那位消費者火氣消了一半，從先前的執意堅持退貨到最後答應再換一雙。

在行銷活動中，有時候把話說得委婉一些，詼諧一些，就很有可能比直截了當的效果會更好。

一位行銷人員在市場上推銷殺蟲劑，他滔滔不絕的演講吸引了一大堆顧客。突然有一人向他提出一個問題：「你敢保證這種殺蟲劑能把所有的蚊子都殺死嗎？」這位行銷人員機智回答：「不敢，在你沒噴藥的地方，蚊子照樣會活得很快活。」如此幾句玩笑話使人們在心情愉快的同時也接受了他的推銷宣傳，所帶的幾大箱殺蟲劑傾刻間就銷售一空。

幽默語言在行銷活動中不但能夠造成輕鬆活潑的氣氛，而且還能夠為行銷工作創造一個良好的開端。對於幽默話語其實本身就是一種非常具有藝術性的廣告語，如果運用得好，會讓人們留下極其深刻的印象。

總之，行銷語言具有一定的藝術性，銷售人員只有掌握了這門藝術，才能讓推銷順利。

2·成功推銷需要好口才

在現代行銷中，說話的水準和能力已成了衡量一名推銷員人整體素質的一個不可或缺的重要標準。是否能說、是否會說，影響了是否將會發生商業關係。

有一個肥胖顧客問書店售貨員：「有《如何減肥》這本書嗎？」

「對不起，太太，剛剛賣完。您要同一作者寫的《如何增肥》嗎？」

「你在開我玩笑。」

「絕非開玩笑，太太，只要按書內的建議反著去做不就成了。」

「我有一位朋友，她長得比您還要胖，有一次來我店裡買《如何減肥》。當時沒有，我就把《如何增肥》這本書推薦給她，想不到兩個月後見到她時，居然瘦了十公斤。」

這位推銷員運用自己的三寸不爛之舌，完成了一項「不可能的任務」，把增肥的書賣給了一個肥姐。

生活中有很多人，去逛一次商場後，往往買回來許多不必要的東西，原因就是拒絕不了推銷員的舌燦蓮花，可見，口才對推銷員有多麼重要。

推銷活動是一種充滿智慧的活動，溝通已成為推銷活動中打開局面的致勝法寶，推銷從「嘴」開始，你若不會說，不會表達，縱有滿腹經綸，想說服顧客也是十分困難的。歸根結底一句話：「生意是說成的。」

喬 · 庫爾曼，幼年喪父，十八歲那年他成為一名職業球手，後來手臂受傷，只得回到家中做一名壽險推銷員。二十九歲那年，他成為美國薪水最高的推銷員之一。到目前為止，在二十五年的推銷生涯中，他銷售了四萬份壽險，平均每日五份，這使他成為美國金牌推銷員。

他深知口才的魔力，就有意識鍛煉好口才。剛開始推銷時，他遇見了羅斯，一家工廠的老闆，工作繁忙。很多推銷員都在他面前無功而返。

庫爾曼：「您好。我叫喬 · 庫爾曼，保險公司的推銷員。」

羅斯：「又是一個推銷員。你是今天第十個推銷員，我有很多事要做，沒時間聽你說。別煩我了，我沒時間。」

庫爾曼：「請允許我做一個自我介紹，十分鐘就夠了。」

羅斯：「我根本沒有時間。」

庫爾曼低下頭用了整整一分鐘時間去看放在地板上的產品，然後，他問羅斯：「您做這一行多長時間了？」

羅斯回答道：「哦，二十二年了。」

庫爾曼問：「您是怎麼幹這一行的？」這句有魔力的話在羅斯身上發揮了效用。他開始滔滔不絕談起來，從自己的早年不幸談到自己的創業經歷，一口氣談了一個多小時。最後，羅斯還熱情邀請庫爾曼參觀自己的工廠。那一次見面，庫爾曼沒有賣出保險，但卻和羅斯成了朋友。接下來的三年裡，羅斯從庫爾曼那裡買走了四份保險。

俗話說：君子不開口，神仙也難下手。所以，作為推銷員，最怕對方不開口。而庫爾曼憑藉自己的好口才打開了拒絕者的話匣子。

庫爾曼有位朋友是費城一家再生物資公司的老闆。他是從庫爾曼手中買下他人生第一分人壽保險的。他總結出了庫爾曼的成功祕訣：「他對我說的那些話，別的推銷員都說過。他的高明之處在於不跟我爭辯，只是一直問我『WHY』。他不停問，我就不停解釋，結果把自己給賣了。我解釋越多，就越意識到我的不利，防線最終被他的提問衝垮。不是他在向我賣保險，而是我自己『主動』在買。」

還有，斯科特先生是一零食品店的老闆。庫爾曼透過一番提問，向他推銷了自己所在保險公司有史以來最大的一筆壽險：六千六百七十二美元。下面是兩人的對話記錄。

庫爾曼：「斯科特先生，您是否可以給我一點時間，為您講一講人壽保險？」

斯科特：「我很忙，跟我講壽險是浪費時間。你看，我已經六十三歲，早幾年我就不再買保險了。兒女已經成人，能夠好好照顧自己，只有妻子和一個女兒和我一起住，即使我有什麼不測，他們也有錢過舒適的生活。」

接了別人，斯科特這番合情合理的話，足以讓他心灰意冷，但庫爾曼不死心，仍然向他發問：「斯科特先生，像您這樣成功的人，在事業或家庭之外，肯定還有些別的興趣，比如對醫院、宗教、慈善事業的資助。您是否想過，您百年之後，它們就可能無法正常運轉？」

見斯科特沒有說話，庫爾曼意識到自己的提問問到了點上，於是趁熱打鐵說下去：「斯科特先生，購買我們的壽險，不論您是否健在，您資助的事業都會維持下去。七年之後，假如還在世的話，您每月將收到五千美元的支票，直到您去世。如果您用不著，您可以用來完成您的慈善事業。」

聽了這番話，斯科特的眼睛變得炯炯有神，他說：「不錯，我資助了三名尼加拉瓜的傳教士，這件事對我很重要。你剛才說如果我買了保險，那三名傳教士在我死後仍能得到資助，那麼，我總共要花多少錢？」庫爾曼答：「六千六百七十二美元。」最終，斯科特先生購買了這分壽險。

可見好口才造就了庫爾曼這位美國金牌推銷員。在商業活動中，一個人的談話或陳述，在許多情況下具有多層含義。要確切了解對方的意思，只有善於察言現色、隨機說話，才能從對方的話裡捕捉到對你有用的資訊。

3．說好開場白，是推銷的開始

好的開場白是推銷成功的一半。在實際推銷工作中，推銷員可以首先喚起客戶的好奇心，引起客戶的注意和興趣，然後道出商品的利益，迅速轉入面談階段。好奇心是人類所有行為動機中最有力的一種，喚起好奇心的具體辦法則可以靈活多樣，盡量做到得心應手，不留痕跡。

為了接觸並吸引客戶的注意，有時，可用一句大膽陳述或強烈問句來開頭。

一九六〇年代，美國有一位非常成功的銷售員喬．格蘭德爾。他有個非常有趣的綽號，叫做「花招先生」。他拜訪客戶時，會把一個三分鐘的蛋形計時器放在桌上，然後說：「請您給我三分鐘，三分鐘一過，當最後一粒沙穿過玻璃瓶之後，如果您不要我再繼續講下去，我就離開。」

他會利用蛋形計時器、鬧鐘、二十元面額的鈔票及各式各樣的花招，使他有足夠的時間讓顧客靜靜坐著聽他講話，並對他所賣的產品產生興趣。

假如你總是可以把客戶的利益與自己的利益相結合，提問題將特別有用。顧客是向你購買想法、觀念、物品、服務或產品的人，所以你的問題應帶領潛在客戶，說明他選擇最佳利益。

美國某圖書公司的一位女推銷員總是從容不迫、平心靜氣，以提出問題的方式來接近顧客。

「如果我送給您一小套有關個人效率的書籍，您打開書發現內容十分有趣，您會讀一讀嗎？」

「如果您讀了之後非常喜歡這套書，您會買下嗎？」

「如果您沒有發現其中的樂趣，您把書重新塞進這個包裡寄回給我，行嗎？」

這位女推銷員的開場白簡單明瞭，使客戶幾乎找不到說「不」的理由。後來，這三個問題被該公司的全體推銷員所採用，成為標準的接近顧客的方式。

專家們在研究推銷心理時發現，洽談中的顧客在剛開始的三十秒鐘所獲得的刺激訊號，一般比以後十分鐘裡所獲得的要深刻得多。在不少情況下，推銷員對自己的開場白處理得夠不夠理想，幾乎可以決定一次推銷訪問的成敗。因此推銷的開場白是極其重要的。

為了防止顧客走神或考慮其他問題，在推銷的開場白上多動些腦筋，開始幾句話必須是十分重要而非講不可的，表述時必須生動有力，句子簡練，聲調略高，語速適中。講話時目視對方雙眼，面帶微笑，表現出自信而謙遜、熱情而自然的態度，切不可拖泥帶水、支支吾吾。一些推銷高手認為，一開場就使顧客了解自己的利益所在是吸引對方注意力的一個有效思路。

斯蒂溫想拜訪一家大公司的總裁，這家公司是全球數一數二的大企業。在與該公司的公關副總裁約翰 · 卡森進行一連串的通信與電話交談之後，對方終於為他安排了一個會面時間。

斯蒂溫苦心安排這次會談的目的，是要對該公司的高級主管做一番推銷說明，希望他們能允許他撰寫一本有關此公司的書籍。因為要寫成此書，斯蒂溫必須要訪談該公司一百五十名左右的職員，所以獲得該公司管理階層的認可是絕對必要的。如果沒有這項應允，他就不可能寫出這本書。當然，要獲得管理層的認可是非常難的。

在與管理層的見面會上，斯蒂溫起身以最溫婉謙和的聲音說道：

「各位女士先生，我今天十分榮幸在這裡對貴公司的高層經理人發表談話。貴公司真是我們國家歷史上最優秀的組織之一。當我還是一名小男孩時，我便對貴公司仰慕不已。」

斯蒂溫知道這一番話聽起來文腔十足，但是十分見效，所以他接下去說：「今天能在此對各位發表談話，的確是我事業生涯中最精彩的時刻。畢竟，你們肩負的是這個十億美元跨國企業的未來。今天，你們將寶貴的時間交給我，所以我要告訴你們我要著手進行這本書的內容，是有關貴公司的歷史，以及現今其進行專業管理的過程。」

「所有貴公司的重要決定都是由你們做出的，事實上，與真正的大決策相比，這無疑是一件最容易決定的事情。」

「我真的很高興你們今天能邀請我來參加這個會議，因為在二十分鐘後我走出這裡時，我已經知道你們的決定是什麼了。這正是我對你們這些頂尖主管的仰慕所在，也就是你們能將公司管理得如此成功的原因。我曾經見過一家大公司的主管們，」斯蒂溫此刻將聲音壓低說道：「我不會說出他們的名字，但是你們絕對不相信我忍受了多大的不幸，全都因為他們無力做出決定。他們在完成任何一件事之前，都必須經過無數官僚程式的推諉搪塞。我發誓，我再也不會和這家公司共事，因為他的管理已經陷入了官僚主義中而無法自拔，以至於高層經理人無法做出重要的決定。我腦中有著許多寫書的好點子，我的生命中實在不需要這類的不幸。如果我意識到某家公司正令我陷入這種不幸的話，我會跨步離去，選擇和其他的公司一起工作。」

斯蒂溫緊接著逐章說明這本書所要寫的內容，這項解說耗費了大約十分鐘。最後他又主持了五分鐘的回答。

在他回答完數個問題之後，最高主管說話了：「我看不出我們不放手讓斯蒂溫寫這本書的理由，他可以開始進行這本書了。有人不同意嗎？」

每個人都點頭表示贊同，當約翰關上他辦公室的門之後，對斯蒂溫說：「如果我沒有親眼看到的話，我實在不會相信。我真的不認為在這次會議上，你的書會有任何機會能獲得通過。恭喜你完成了一項不得了的演講和推銷。」

斯蒂溫用他的「三寸不爛之舌」完成了一項頗為艱巨的任務，這便是口才的巨大魅力所在。做生意若想更加順利和成功，擁有這種超出常人的口才是十分必要的。

4·找對客戶，巧語攻「心」

常言道：商場如戰場，如何在品牌眾多的商場上把你的產品成功推銷出去，語言起著什麼最重要的作用。

在商場上只有漂亮的、打動顧客心靈的語言才是金玉良言。如何說出打動顧客的話，讓顧客變「不買」為「想買」呢？可參考以下幾種方法：

(1) 激發購買欲望

一般說來，潛在顧客採取購買行動的基本前提是充分了解商品所帶來的基本利益。沒有對商品功能特點的了解，潛在顧客不會採取購買行動。推銷人員運用有效的語言藝術，可以把有關商品的資訊傳遞給潛在顧客，喚起其消費需求。

在推銷活動中，語言藝術的優劣確實能帶來推銷效果的巨大差異。下面的這個故事可以說明這一問題。

有一對老夫婦準備賣掉他們的住房。他們委託一位房地產經紀商承銷。這家房地產經紀商請老夫婦出錢在報紙上刊登了一個廣告。廣告的內容很簡短：「出售住宅一套，有六個房間，壁爐、車庫、浴室一應俱全，交通十分方便。」

廣告刊出一個月之後無人問津。老夫婦又登了一次廣告，這次他們親自擬寫廣告詞：「住在這所房子裡，我們感到非常幸福。只是由於兩個臥室不夠用，我們才決定搬家。如果您喜歡在春天呼吸濕潤新鮮的空氣，如果您喜歡夏天庭院裡綠樹成陰，如果您喜歡在秋天一邊欣賞音樂一邊透過寬敞的落地窗極目遠望，如果您喜歡在冬天的傍晚全家人守著溫暖的壁爐喝咖啡時的氣氛，那麼請您購買我們這所房子。

我們也只想把房子賣給這樣的人。」廣告登出不到一個星期，這套房子便出售了。可見，優秀的推銷語言才能起到刺激起顧客購買欲望。

（2）掌握顧客心理

人們在購買某些商品時總是會想「某某已經買了，效果還不錯」，這其實是一種類比心態，是當自己拿不定主意，常常採用的方法，在推銷時可以用這種心理。

這些都是在與顧客溝通後掌握顧客心理的情況下，清楚顧客在什麼情況下需要什麼想什麼，然後投其所好，從而做成交易。

有一位年輕的小姐正在商場的服裝部轉來轉去。她在一件衣服前看了很久，但神色猶豫不定。此時，售貨員走了過來，順著小姐的目光看了看那件衣服，說：「這件衣服賣得挺不錯的，這樣款式、顏色很像韓國某個組合的衣著，很流行。」小姐聽後，下定決心，試穿合適後，把它買了下來。人們總是有一種從眾心理，往往流行的東西對人的確定影響很大。

比如，兩位女性去買衣服，當一個人買完衣服後，店主會讚美這個人衣服、身材的同時，向另一位推薦，「你瞧，她穿在身上多好看呀，你也來一件吧，這樣你們倆個走在一起顯得相得益彰，越襯越好看了。」說得那位也心動了，買了一件。

（3）耐心對待顧客

有些時候顧客並沒有確切主意到底要買什麼樣的商品，走進你的商店挑了半天，翻出了一大堆產品，弄得亂七八糟卻沒有購買一件。這時候，你可能會生氣，當著顧客的面說出你的不滿，結果當然不言而喻。但假若你換一種心境來面對這樣的情況，效果可能就大相徑庭了。你可以將不滿的心情隱藏起來，用耐心等待顧客挑選完，並且用真情對待他，說不定，他會因為你的熱情誠懇而感動，心甘情願買走你所售的商品。

有一次，一個旅遊團無意間走進了一家糖果店。他們參觀一番後，正打算離開時，服務員端上一盤精美的糖果，走到他們面前，柔聲說：「您好，這是我們店剛進的新品種，清香可口，甜而不膩，免費請您品嘗，不要客氣啊。」盛情難卻，遊客們只能恭敬不如從命。然而遊客們覺得免費嘗了人家的糖果，不買點什麼，過意不去，於是每人買了一大包，在服務員真誠的「歡迎再來」的送別聲中離去。

是什麼轉變了遊客的「不買」為「買」的行為呢？是服務員耐心真誠的態度。假設服務員對遊客只看不買的態度惡言相向的話，買賣自然做不成。這種居家待客式的真誠招待，使顧客不得不進入糖果店營造的一種親切、友好的氛圍之中。滴水之恩，當湧泉相報。受了店家的「情」，又怎能空手而歸呢？

(4) 適當讚美

做生意有時不免要面對許多客戶，當別人讚美他時，往往他們會做出一些讓人痛快的決定。

有一位售貨員上門推銷化妝品，女主人說：「這些化妝品我都有，暫時不需要。」該售貨員說：「噢，您長得很有氣質，不化妝也很漂亮。」女主人聽後心花怒放。這位售貨員接著說：「但是為了防止日晒，應該……」沒等說完，女主人的錢包就打開了。

售貨員在迎合顧客優點的基礎上的轉折，使顧客欣然接受了推銷。適時的加以讚美，在行銷過程中可助你一臂之力，但讚美也是一門藝術，語言要恰到好處，生動活潑，貼切實際，切莫漫無邊際、不假思索大加讚美，聽者感覺你在拍他的馬屁，對你產生厭煩，更不用說推銷產品了。

5. 推銷要站在對方的立場上

站在對方的立場來推銷產品確實是一條捷徑，行銷不僅要深入市場調查，了解使用者需求，還要研究客戶的心理，主動與客戶進行感情交流，達到心靈溝通，讓客戶感到，你不是在向他們推銷業務，而是在關心他、想著他，要為人提供方便。這樣客戶才會認可你的產品和服務。

好的銷售者並不是一味固守立場，追求寸步不讓，而是要與對方充分交流，從雙方的最大利益出發，用相對較小的讓步來換得最大的利益，而對方也是遵循相同的原則來取得交換條件。這樣，最終的銷售是不難達成的。

為此，心理學家為推銷員提出一種推銷方法，這種方法要求推銷員把自己想像成客戶，即從客戶的立場出發考慮問題。當客戶對你推銷的產品提出批評意見時，你要裝出忘記自己的推銷使命的樣子，站在對方一邊說話。

一個女推銷員推銷的是電鍋，顧客對這種產品挑剔很多，並聲稱不買電鍋也可以。這時候這位女推銷員就順著對方的意思說：「這種產品確實不太好，花那麼多錢買到一件不如意的東西真不划算！」這種話一出來，對方的感覺就好像正在用力推一扇門，門突然不見了，自己有力氣也出不了。這樣一來，他的反對意見反而顯得不重要了，即使還有什麼不滿意的話也覺得沒有必要說出口了。

接下去，女推銷員乘勢轉變，以富有同情心的語調真誠為對方設想。「一般來說，中等檔次的電鍋都有這種毛病」，「如果不在乎價錢的話，可以買好一點的」……

在這樣的交流中，對方無形中就把你當做幫助自己出主意的人來看待，對推銷員本能的戒心消失了。在這種情況下，客戶很容易在推銷員暗示下，做出購買電鍋的決定。

因為按照常理，推銷員要說服客戶購買自己的產品，必定要極力吹噓，吹得過分一些，就難免有水分。長此以往，人們對推銷貨物者普遍形成了一種偏見，認為他們說的話不是真的。廣泛宣傳的產品收效甚微，其道理也就在這裡。但當推銷員以知心朋友身分出現時，顧客就會被對方的真誠所感動，從而被說服。

因此，在商場中，只有站在對方角度去商談，才能找到彼此之間利益的共識，最終各取所需，各有所得，達到雙贏。

6．尋找客戶感興趣的話題

投顧客所好來說話是一種非常有效的方法，有時比你說一千句你推銷的產品有多好都來得更直接。

張先生是一名天然食品推銷員。一天，他一如往常，把蘆薈精的功能、效用向一位陌生的顧客訴說，但對方對此並不感興趣。正當張先生準備向對方告辭時，突然看到顧客家陽台上擺著的一盆精美的盆栽，上面種著紫色的植物。

於是張先生請教對方說：「好漂亮的盆栽，市場上似乎很少見，它是特別品種吧？」顧客自豪的說：「確實很罕見。這種植物叫嘉德里亞，是蘭花的一種。它美在那種優雅的風情。」

「的確如此。我想它一定很昂貴？」張先生接著問道。

「是的。僅僅這一盆栽就要八百元呢！」顧客從容說。

張先生故作驚訝：「什麼？八百元……」

「蘆薈精也不過就八百元，這個顧客應該可以成交。」張先生心裡暗暗想。於是把話題重點慢慢轉入了盆栽上：「這種花每天都要澆水嗎？」

「是的，它需要精心的呵護。」

「那麼，您對這盆花的感情應該很深了，它也算是家中的一分子吧？」這位顧客覺得張先生真是有心人，於是開始傳授有關蘭花的學問，張先生聚精會神聽著。

過了一會兒，張先生慢慢把話題轉入到自己的產品上來：「太太，您這麼喜歡蘭花，您一定對植物很有研究，您一定是一個高雅的人。您肯定也知道植物給人類帶來的種種好處，給您溫馨、健康和喜悅。

我們的產品正是從植物裡提取的精華，是純粹的綠色食品。太太，今天就當作買一盆蘭花把天然食品買下來吧！體會一下天然食品的功效！」

結果這位太太爽快買下他的產品。

這個故事很值得我們學習。在我們要見一個客戶時，要先透過調查知道他的一些興趣、喜好、經歷什麼的。而這些可以作為正式話題之前的引題，千萬不能小看這些話題，兩個人距離的拉近靠的就是這些。心理的距離近了，其他的就好說了。下面這個故事也說明了這一點：

有一次，愛德華 · 查利弗為了贊助一名童軍參加在歐洲舉辦的世界童軍大會，極需籌措一筆經費，於是就前往當時美國一家數一數二的大公司拜會其董事長，希望他能解囊相助。

在愛德華 · 查利弗拜會他之前，打聽到他曾開過一張面額一百萬美金的支票，後來那張支票因故作廢，他還特地將之裝裱起來，掛在牆上作紀念。

所以當愛德華 · 查利弗一踏進他辦公室之後，立即針對此事，要求參觀一下他這張裝裱起來的支票。愛德華 · 查利弗告訴他，自己從未見過任何人開過如此巨額的支票，很想見識一下，好回去說給小童軍們聽。董事長毫不考慮就答應了，並將當時開那張支票的情形，詳細說給查利弗聽。

查利弗開始並沒有提起童軍的事，更沒提到籌措基金的事，他提到的是他知道對方一定很感興趣的事，結果呢？「說完他那張支票的故事，未等我提及，那位董事長就主動問我今天來是為了什麼事。於是我才一五一十說明來意。出乎我意料之外，他非但答應了我的要求，而且還答應贊助五個童軍去參加童軍大會，並要我親自帶隊參加，他負責我們的全部開銷，另外還親筆寫了封推薦函，要求他在歐洲分公司的主管提供我們所需的一切服務。」愛德華 · 查利弗說。

上面這兩個成功的推銷案例，說明了成功的推銷往往在推銷之外，生活中的輕鬆話題也是你推銷的利器。在平常的推銷中，許多的推銷員通常是以商談的方式來進行，但是如果有機會觀察推銷員和客戶在對話時的情形的話，就會發現這樣的方式太過嚴肅了。

所以對話如果沒有趣味性、共通性是行不通的，而且通常都是由推銷員來迎合客戶。倘若客戶對推銷員的話題沒有一點點興趣的話，彼此的對話就會變得索然無味。

例如，看到陽台上有很多的盆栽，推銷員可以問：「你對盆栽很感興趣吧？假日花市正在開蘭花展，不知道你去看過了沒有？」

看到高爾夫球具、溜冰鞋、釣竿、圍棋或象棋，都可以拿來作為話題。

對異性的流行服飾、興趣和話題也要多多少少知道一些，總之最好是無所不通。

打過招呼之後，談談客戶深感興趣的話題，使氣氛緩和一些，接著再進入主題，效果往往會比一開始就進入主題來得好。天氣、季節和新聞也都是很好的話題，但是大約一分鐘左右就談完了，所以很難成為共通的話題。

關鍵在於客戶感興趣的東西，推銷中多多少少都要懂一些。要做到這一點必須靠長年的積累，而且必須努力不懈來充實自己。

那些成功的推銷員為了要應付各式各樣的準客戶，所以抽出時間就到圖書館苦讀。他們研修的範圍極廣，上至時事、文學、經濟，下至家用電器、煙斗製造、木履修補，幾乎無所不包。正因為他們有了廣博的知識，才能海闊天空與客戶談論他們所感興趣的話題，而使他們推銷的更簡單、更成功。

7．恭維話說到心坎上

俗語有這樣兩句：「逢人短命，遇貨添錢。」假如你遇著一個人，你問他多大年齡了，他答：「今年五十歲了。」你說：「看你的面貌，只像三十歲的人，最多不過四十歲罷了。」他聽了一定喜歡，這就是所謂的「逢人短命」。又如走到朋友家中，看見一張桌子，問他花多少錢買的，他答道：「花了兩百元。」你說：「這張桌子，一般價值四百元，再買得好，也要三百元，你真是會買。」他聽了一定高興。這就是所謂的「遇貨添錢」。人的天性如此，自然也就有了這樣的說法。

菲德爾費電氣公司的約瑟夫 ·S· 韋普先生，曾經用這一妙招，使一個拒他於千里之外的老太太，樂意的與他達成了一筆大生意，順利完成了推銷用電的任務。

那天韋普走到一家看來很富有、很整潔的農舍前去叫門。當時戶主布朗肯 · 布拉德老太太只將門打開一條小縫。當得知他是電氣公司的推銷員之後，便猛然把門關閉了。韋普再次敲門，敲了很久，大門儘管又勉勉強強開了一條小縫，但未及開口，老太太卻已毫不客氣破口大罵了。

韋普並沒有退卻的意思，經過一番調查，他終於找到了突破口。這一天，韋普又上門了，等門開了一條縫時，他趕緊聲明：「布拉德太太，很對不起，打擾您了，我的訪問並非為電氣公司，只是要向您買一點雞蛋。」老太太的態度當時就溫和了許多，門也開得大多了。

韋普接著說：「您家的雞長得真好，看牠們的羽毛長得多漂亮。這些雞大概是有名的品種吧！能不能賣一些雞蛋呢？」

這時門開得更大了，這時那位老太太反問道：「您怎麼知道這雞與眾不同呢？」

韋普知道辦法已初見成效了，於是更加誠懇而恭敬：「我家也養了這種雞，可像您所養的這麼好的雞，我還從來沒見過呢！而且，我家的雞，只會生白蛋。附近鄰居也都說只有您家的雞蛋最好。夫人，您知道，做蛋糕得用好蛋。我太太今天要做蛋糕，我只能跑您這裡來……」老太太頓時眉開眼笑，高興起來，把韋普先生引進門裡來了。

韋普瞄了一下四周，發現這有整套養乳牛的設備，斷定男主人定是養乳牛的，於是繼續說：「夫人，我敢打賭，您養雞的錢一定比您先生養乳牛的錢賺得還多。」老太太心花怒放，樂得幾乎要跳起來，因為她丈夫長期不肯承認這件事，而她則總想把「真相」告訴大家，可是沒有人感興趣。

布拉德太太馬上把韋普當作知己，還興致勃勃帶他參觀雞舍。韋普知道，他新辦法的效果已漸入佳境了。但他在參觀時還是不失時機發出由衷的讚美。

老太太毫無保留傳授了養雞方面的經驗，韋普先生便極其虔誠當學生。他們變得很親近，幾乎無話不談。在這個過程中，老太太也向韋普請教了用電的好處，韋普針對養雞需要用的電詳細說明，老太太聽得很專注。

兩個星期後，韋普在公司收到了老太太的用電申請。幾句恰到好處的恭維話讓韋普先生得到了他所想要的東西。看來恭維的語言的確能夠讓你的推銷更順利。

8．回答顧客問題有妙招

推銷人員不僅提問需要技巧，回答顧客的問題也要講究策略。下面介紹幾種回答問題的策略：

（1）使用「是……但是」法

在回答顧客問題時，這是一個廣泛應用的方法，它非常簡單，也非常有效。具體來說就是：一方面推銷員表示同意顧客的意見，另一方面又解釋了顧客產生意見的原因及顧客看法的方向性。

由於大多顧客在提出對商品的看法時，都是從自己的主觀感受出發的，也就是說，都是帶有一種情緒的，而這種方法可以穩定顧客的情緒，可以在不同顧客發生爭執的情況下，委婉提出顧客的看法是錯誤的。當顧客對商品產生了誤解時，這種方法是有效的。

例如，一位顧客正在打量一株紫羅蘭。

顧客：「我一直想買一株紫羅蘭，但是我又聽說要使紫羅蘭開花是非常困難的，我的朋友就從來沒有看到他的紫羅蘭開過花。」

推銷員：「是的，您說得對，很多人的紫羅蘭是開不了花，但是，如果您按照生長說明要求的去做，它肯定會開花的。這個說明書將告訴您怎樣照顧紫羅蘭，請按照上面的要求精心管理，如果它開不了花，還可以退回商店。」

你看，這個推銷員用一個「是」對顧客的話表示贊同；用「但是」解釋了紫羅蘭不開花的原因，打消了顧客的顧慮，使顧客以更濃厚的興趣傾聽推銷員的介紹。

（2）使用「直接否定法」

當顧客的問題來自不真實的資訊或誤解時，可以使用直接否定法。

然而，這是回答顧客問題時最不高明的方法，等於告訴顧客他的看法是錯誤的，是對顧客所提意見的直接駁斥。

因此，這種方法只有在適當的時候才可以使用，請看下面的例子：

一位顧客正在觀看一把塑膠手柄鋸：「為什麼這把鋸的手柄要用塑膠的而不用金屬的呢？看來是為了降低成本。」

推銷員：「我明白您說的意思，但是，改用塑膠手柄絕不是為了降低成本。您看，這種塑膠是很堅硬的，而且它和金屬的一樣安全可靠。許多人都非常喜歡這種式樣的。」

試想，假如推銷員說：「您是從哪裡聽說的？」顧客可能會感到生氣和憤怒。但是，推銷員用同情的語氣予以解釋，情況就大不相同了。顧客對「直接否定」法的反應更大程度上取決你怎樣使用這種方法。

(3) 使用「高視角、全方位法」

顧客可能提出商品某個方面的缺點，推銷員則可以強調商品的突出優點，以弱化顧客提出的缺點。當顧客提出的問題基於事實根據時，可以採取此法。

請看下面的例子：

推銷員：「這種沙發是用漂亮的纖維織物製成的，坐在上面感覺很柔軟。」

顧客：「是很柔軟，但是這種材料很容易髒。」

推銷員：「我知道你為什麼這樣想，其實你說的是幾年前的情況了，現在的纖維織物都經過了防汙處理，而且還具有防潮性能。假如沙發弄髒了，汙垢是很容易除去的。」

(4) 使用「自食其果法」

當顧客提出商品本身存在的問題時，可以用這種方法把銷售的阻力變成購買的動力。採用這種方法，實際上是把顧客提出的缺點轉化成優點，並且作為他購買的理由。請看下面的例子：

一位顧客正在看一台洗衣機。

顧客：「這種洗衣機品質很好，就是價格太貴了。」

推銷員：「這種洗衣機的設計是從耐用、壽命長考慮的，可以使用多年不用修理。別的牌子雖然便宜一點，但維修的費用很高，比較起來還是買這種洗衣機划算。」

顧客對商品提出的缺點成為他購買商品的理由——這就是自食其果。請記住這樣一個信條：一家商店、一家公司都要有信心，要相信自己能夠戰勝對手，這一點非常重要，無論怎樣強調都不過分。

（5）使用「介紹第三者體會法」

這種方法是利用使用過商品的顧客給本店來的感謝信來說服顧客的一種方法。一般說來，人們都願意聽取旁觀者的意見。所以，那些感謝信、褒揚商品的來信等，是推銷商品的活教材。請看例子：

顧客：「這個車庫的門我怎麼也裝不好。」

推銷員：「我理解您的心情，幾個星期前哈得森博士也買了一個類似的門，開始也擔心安不好，可是前幾天我收到她的一封信，她說只要按說明書的要求做，安裝非常容易。請您先看看說明書，我去拿哈得森的信來。」

（6）使用「結束銷售法」

在整個銷售過程中，要抓住每一個可能結束銷售的機會。假如顧客的問題是一個購買訊號，就正面回答顧客，然後結束銷售。當顧客對商品提出的問題或表示的意見是同他占有的商品相聯繫的時候，這就是顧客準備購買的一個訊號，在回答顧客的問題之後，就可以結束銷售。比如一個顧客正打量一套衣服。

顧客：「我很喜歡這套衣服，但是褲子太肥了，上衣的袖子也長了點。」

推銷員：「不要緊，我們有經驗豐富的裁剪師，稍微修一下，就會很合身的。讓我叫裁剪師來。」

9．推銷講解要生動形象

推銷講解產品時的用語，要避免平淡無味的說教，而要以活躍推銷現場的氣氛，吸引顧客的注意力和激發顧客的購買欲望為目的。因此，講解用語必須生動形象而全面。

生動講解的關鍵，在於語言的恰如其分而具有感染力。為了達到這一要求，講解用語應該注意以下幾點：

（1）少用「我」

在推銷中，有些推銷員總是大量使用以「我」為中心的詞語，使用這些詞語讓顧客感覺到推銷者是在把他的觀點強加在自己身上。下面一些詞句就不利於在推銷員和顧客之間營造良好的洽談氣氛，不利於進行成功的推銷：

「我認為……」

「我的看法是……」

「如果我是你的話」

「依我看……」

「我要對你說的是……」

「我不會這樣做……」

「我的意見是……」

「考慮一下我所說的話……」

「我的觀點是……」

如果可能，將上述每一句話中的「我」都改為「你」。

（2）少用言之無物的詞語

人們把這兩種效果截然不同的推銷詞句分別稱為「推銷用語」和

「非推銷用語」。比如，「價值」一詞要比「價格」一詞好；「擁有」比「購買」好。盡量要用日常生活中人們的容易接受的口頭語。在推銷談話中，下列「非推銷用語」對達成交易毫無意義：

「我想說的是……」

「正像我先前說過的……」

「我想順便指出……」

「或者，換句話說……」

「確實是……」

「事實上……」

「所以說……」

「這是真的嗎？」

「無論如何……」

「在不同程度上……」

「你不同意嗎？」

「你可以相信它……」

以上詞句少用為佳。

(3) 盡量少用限定詞

有的推銷員很喜歡講自己的產品最好、最先進等等，以急於表明產品的優點。其實，這樣講往往反而引起顧客對推銷產品的懷疑。再說，即使推銷產品確實是市場上最好的，但在顧客沒有親眼見到、沒有真實比較的情況下，推銷員僅靠一些限制的詞語來證明，是很難辦的，也是不能令人信服的，甚至會讓人對這個推銷員產生厭惡的感覺。因此，避免使用最高級的限定詞，可以減少對顧客購買決策時帶來的不良心理影響。

(4) 少用「便宜」這類詞

產品的價格和產品的品質是密切聯繫在一起的。在現代產品經濟中，優質優價，劣質劣價，幾乎是產品定價的慣例。當然，也有價廉物美的產品，但只是例外。質價相當，是經濟生活中的規律。所以，推銷員在推銷介紹時，一味突出推銷品的價格便宜，容易使顧客產生產品屬低品質的聯想。為了保持講解的效果，推銷員應盡量避免，或少用「便宜」這類提法。如果推銷產品確實價廉物美，是市場上同類產品的佼佼者，而推銷員又必須強調產品的價格特點，那麼，他可以用另一種方式告知顧客，即以委婉的方式向顧客通報價格資訊。比如，說產品「不貴」或「物超所值」就比較得體。

其次來談談講解的「形象性」。

我們賣的是產品，但賣產品不如賣效果。比如別墅、名車等，是地位的象徵，你就要在這個「地位」上大做文章，汽車、音響、錄影機、旅行，冷暖氣空調設備，是人們追求舒適和歡樂所要求的，你就要不遺餘力說明這些；微波爐、影印機、全自動洗衣機、個人電腦等，你便要在性能和經濟上為對方「說明」；鋼琴、大型音響設備、昂貴的化妝品、珠寶等，可以稱之為「奢侈品」，你便可以抓住買者的虛榮感大加渲染。抓住你的產品會導致的效果，著重加以說明，便會恰到好處。

講解最為關鍵的一步，是展示你的產品。因此，你要盡量使用訴諸視覺的材料，如資料、樣品、照片、幻燈片、實物等。需要注意的是，展示這些「證據」時，不要只放在桌上，而是要交到對方的手中加以說明——不能太早，但也不能等到客人催你拿出來。

展示產品時，描繪其他顧客的好評，會使買者具有臨場感：你可以唯妙唯肖模仿顧客的言行，可以展示使用者的來信、致謝信、登報鳴謝等，還可以利用現代的展示工具——影片或幻燈片，顯示顧客的好評。不要吝惜自己的商品，請對方實際接觸操作，以引起他的興趣，俗話說「事實勝於雄辯」。

同時，講解最為重要的一步，是說明你產品的特性。比如，在數不清的洗髮水中，你的洗髮水與其他相比配方的特點，比起其他洗髮水的效果會有什麼不同。在品牌日益更新的今天，你的電子產品有哪些突出的優勢。從產品的原材料、製作過程以及使用效果都有哪些領先之處。這裡也可以用上面講的訴諸視覺的材料，也可以使用一些科學術語，一下子將顧客「鎮」住，增加了可信度，也能夠提起他們的濃厚興趣。

還應該注意的是如果對方搞不懂你的產品，你應該向他致歉，「我說得不清楚，請你不必有顧慮，多多包涵」。這樣雖然表面上把責任歸在自己身上，但給對方一個台階，何樂而不為？

最後來談談講解的「全面性」。

洽談之中，推銷員手中的武器便是自己的產品。要想展示好你的產品，你必須從以下幾個方面對顧客做全面的產品講解：產品的用途，使用方法、材質、製造法、結構、製造廠，買法以及購入管道和市場評價。同時，也要注意與顧客的溝通和交流，針對不同的顧客也要有不同講解側重點。對於顧客不懂的地方，要耐心解說。

10．靈活從容應對拒絕

我們在推銷中常常會遇到客戶拒絕的情景。所以銷售人員靈活應對客戶的拒絕是非常重要的。

一般來講，不管客戶對你提出什麼反對意見、什麼抗拒，通常不要說「可是」、「但是」、「就是」，而要說「我理解……同時」、「我感激……同時」、「我感謝……同時」、「我尊重……同時」。

讓我們看看這則對話：

客戶說：「我沒時間！」

推銷員應該說：「我理解！我也老是時間不夠用！不過，只要三分鐘，您就會相信，這是個對您絕對重要的議題……」

客戶說：「我現在沒空！」

推銷員說：「先生，美國富豪洛克菲勒說過：『每個月花一天時間在錢上好好盤算盤算，要比整整三十天都工作來得重要！』我們只花二十五分鐘的時間！麻煩您定個日子，選個您方便的時間！我星期一和星期二都會在貴公司附近，所以可以在星期一上午或星期二下午來拜訪您一下！」

客戶：「我沒興趣。」

推銷員說：「是，我完全理解，對一個談不上相信或者手上沒有什麼資料的事物，您當然不可能立刻產生興趣，有疑慮或者有問題是十分合理自然的，讓我為您解說一下吧，星期幾合適呢？……」

客戶：「我沒興趣參加！」

推銷員：「我非常理解，先生，要您對不曉得有什麼好處的東西感興趣，實在是強人所難。正因如此，我才想向您親自報告說明。星期一或者星期二過來看您，行嗎？」

客戶：「請你把資料寄給我怎麼樣？」

推銷員：「先生，我們的資料都是精心設計的綱要和草案，必須配合專業人員的說明，而且要對每一位客戶分別按個人情況再做修訂，等於是量體裁衣。所以，最好是我星期一或星期二過來看您。您看是上午還是下午比較好？」

客戶：「目前我們還無法確定業務發展會如何。」

推銷員：「先生，我們先不要擔心這項業務日後的發展，您先參考一下，看看我們的供貨方案的優點在哪裡，是不是可行。我星期一來造訪還是星期二比較好？」

客戶：「要做決定的話，我得先跟合夥人談談！」

推銷員：「我完全理解，先生，我們什麼時候可以跟您的合夥人一起談？」

客戶：「我們會再跟你聯絡！」

推銷員：「先生，也許您目前不會有什麼太大的意願，不過，我還是很樂意讓您了解，要是您能參與這項業務，對您會有多大的利益！」

客戶：「說來說去，你還是要銷售東西？」

推銷員：「我當然是很想銷售東西給您啦！先生，不過，要是能帶給您好處，讓您覺得值得購買，我才把產品賣給您。有關這一點，我們要不要一起討論研究看看？下星期一我來看您？還是您覺得我星期五過來比較好？」

客戶：「我要先好好想想。」

推銷員：「先生，其實相關的重點我們不是已經討論過了嗎？容我直率問一句，您顧慮的是什麼？」

客戶：「我再考慮考慮，下星期打電話給你！」

推銷員：「歡迎您來電話！先生，您看這樣會不會更簡單些？我星期三下午晚一點的時候打電話給您，還是您覺得星期四上午比較好？」

客戶：「我要先跟財務顧問商量一下！」

推銷員:「好，先生，我理解，可不可以約您的財務顧問一起談談？約在這個週末，或者您喜歡在下星期開始的哪一天。」

客戶：「那就下星期一下午吧！」

推銷員：「好，先生，星期一下午見！」

透過上面這個例子，你或許已看出，這些難纏的客戶還是可以被銷售人員用巧妙的話術和問問題的技巧說服的。

11·如何與客戶電話溝通

電話推銷是推銷員經常使用的推銷方法，為了正確使用電話，樹立良好的電話形象，無論發話人還是受話人，都應遵循電話溝通方法與技巧。

阿梅是某洗衣機公司的代理商。中午輪到她值班，她手裡捧著一本小說正看得入迷，電話鈴響了五六聲，她終於慢慢的接了電話。

「喂！」她拿起電話，沒有報自己公司的姓名，懶洋洋的回答對方。

「您好，請問這裡是洗衣機代理嗎？」對方問。

「是。」阿梅回答。

「你好，我想買一個 ×× 牌的洗衣機，請您介紹一些型號。」對方又說。

「我們的洗衣機分好幾種，你想要哪種？」阿梅冷漠反問。

「小姐，我不明白，洗衣機就是洗衣機，還要分什麼種類？不就是按大小來分種類嗎？」對方困惑。

「當然要分。」阿梅隨手摸了一塊餅乾塞進嘴裡……

「等我想一想再決定吧。」對方掛了電話。

不要以為電話中誰也見不到誰，所以想說什麼就說什麼。其實，正因為電話中誰也見不到誰，更應該注重禮節。所以電話推銷中口才的作用更加明顯和重要。這裡，我們就來談談電話推銷中要注意的幾個方面：

(1) 在電話中不能缺少讚美語

正常的推銷也好，電話推銷也罷，約訪客戶時，不妨巧妙讚美一下推銷員將要拜訪的客戶，這樣能夠達到「一箭雙雕」的作用，因為推銷員對客戶讚美，是表示對他成績的認可，可以拉近彼此之間的距離，也就為後面的成功交易做了最好的準備。

電話約訪客戶，務必把握好客戶的作息時間及休假時間，而且在電話中回答對方問題時，必須經過思考，但要如何進行思考？如果他說：「我最近很忙，如果你要來跟我談，你下個月來好了。」「下個月不行！一定要這個月，而且張總一定要我這幾天內去拜訪你。」「那你就和張總說，我這幾天很忙。」如此一來你就接不下去了。因此，可以換個方式這樣說：「要到下個月啊？陳先生你真不簡單，你的行程已排了一兩個月了，像你這樣忙的人到下個月月底會有時間嗎？我看很難喲！所以，如果明天上午十點我去你那裡，不知道方不方便？」

讚美時，你不妨用反問句收尾，這是比較有效的方式。

例如：「陳先生，您真的不簡單，以您三十八歲的年紀如此事業有成，真是不簡單呀……不知道您買這麼少的保險是否適合您的身分？」

（2）電話中保持良好的形象

保持良好的形象是電話推銷的基礎。當客戶提出一些無理要求時，推銷員在處理過程中，一定要懂得運用委婉而堅定的態度。「我知道您很忙，既然您很忙，我明天十點過去，不會耽誤您太多的時間，大概只要二十分鐘就可以。」、「我同意您的說法，可是我還是要去。」這就是委婉而堅定的說法。然而，並不保證每次電話都一定能約到客戶，如果沒有約到，也必須留給對方一個良好的印象。哪一天順便去看看他，有何不可？當你遞上名片時，就可以以退為進的方式說：「陳先生，那天在電話中您說過對保險沒興趣，那我也不便打擾您，我今天剛好到客戶那兒，順便來看看您。」因為在電話中雙方已有第一次初步的印象，第二次會面氣氛可能就好一點。但是，最重要的是在電話中一定要保持良好的印象，唯有這樣才有機會作突然性的進一步拜訪。

(3) 見面後的電話聯繫

陌生人拜訪一次促成交易的概率非常小，大多數的客戶都是經過兩次、三次或多次的拜訪最後才簽下交易。

在後續追蹤的過程中，電話將扮演重要的角色。

優秀的推銷員把打電話稱為「電話神探手」。他們是如何做的呢？

首先我們都清楚後續追蹤會有各種各樣的情況發生。一般人都有這樣的毛病：電話好不容易打通，又不知從何說起。下面是幾句有效的開場白。

「你昨天提到的問題，我已經有了答案，我想你或許有興趣知道。」

「現在情形有所改變，我已經有了答案，我想你或許有興趣知道。」

「現在情形有所改變，公司短期內將停止 × 險種的銷售，我想應該跟你說明一下。」

「我想到幾件有趣的事情，說不定能幫你做決定，你看我是明天上午還是下午來比較好？」

「我看到一則報導，是關於你們行業的，這使我想起你，所以打個電話來告訴你有關……」

聰明的你，千萬不要說「你有沒有收到我寄給你的資料」或者「你考慮得怎麼樣？」客戶或許會說：「沒收到」或「沒有考慮清楚。」這樣，你將喪失一個大好的機會。

你不妨這樣說：「我打電話給你是想跟你談談前天我留下的資料，

資料本身可能不夠詳細，我想今天上午九點或下午三點親自向你講解，你看哪個時間比較方便？」

隨機應變是頂尖推銷員應具備的能力之一，針對不同的客戶，你心中要有不同的方法去應對。電話聯繫客戶還應注意以下幾點：

（1）了解客戶購買意願

對於無心的或者排斥保險的人，可暫時將其從名單中剔除。對於有意願的客戶，可將針對他所要使用的接近方法抄錄下來，放在眼前，這樣可以起到及時提示的作用。

（2）預防引起客戶反感

電話推銷既能直接與客戶交談，又不浪費時間。如果能在電話裡順利商談，自然而然就會形成主顧關係，使得拜訪客戶成為一件輕鬆愉快的事情，但切忌言辭過激，引起對方的反感。

所以，對推銷員來說，有必要進一步、更進一步有效利用電話。而且要牢記：電話簿是尋找客戶的鑰匙。只要善於利用它們，就一定能使銷售量成倍增加。

（3）盡快作答

打電話時千萬不要讓客戶等得太久，一般情況下，對於客戶提出的問題，推銷員應盡快作答。

大家都有這樣的感受吧，等候接電話時的一秒鐘似乎有長達一分鐘之感。因此，當鈴聲一響，就應該立刻抓起話筒。客戶如果講了姓名，要馬上記下來，在通話中不時加以稱呼，這樣做會使客戶聽起來感到心情舒暢。另外，當遇到需要轉交給別人辦理的事情時，應向客戶講明原因，交代清楚，乾脆、俐落加以處理。

（4）透過聲音表現推銷員的人品

除視訊電話外，一般的電話推銷，彼此都看不到對方的容貌、神態、服飾，僅僅只是聽到對方的聲音。推銷員在電話中應答時，你的聲音完全可以表現出你個人的特點來。因此，當你需要表達某種意思時，就應該認真選擇詞句，爽快去講，努力做到讓客戶聽後能夠理解、能夠接受。這樣一來，你的聲音就會顯得溫暖，充滿人情味。只有這樣，對方才能感覺到有親切感，願意與你見面。

(5) 仔細傾聽

仔細傾聽的目的，就是要迅速把握對方談話的大致內容，並整理出對方談話的重點，然後據此推斷對方的需求，以做到有針對性的推銷。一般而言，傾聽對方談話時，都要求推銷員精力集中，這是有效傾聽的前提條件。

(6) 巧妙詢問

向客戶提出詢問時，要做到從一般性問題向特定事情的過渡，緊緊抓住客戶所關心的問題，藉此來說明什麼樣的商品對他最為合適。

(7) 充分發揮推銷技巧

絕不要低估電話推銷的作用。凡是有必要講的事情，就全部告訴客戶。並且使用能讓客戶充分理解的、栩栩如生的通俗語言去進行說明。為了避免引起客戶的反感，應該預先有所估計，盡量做到在客戶提出疑問之前，就以充分的說明使其完全理解。

(8) 解答客戶的疑問

客戶若提出某些疑問，恰恰說明他對那種商品產生了購買的意願。

銷售量能否增加，決定於你對客戶提出的疑問能否誠實、慎重而又完善的做出解答。

(9) 促使客戶下決心

有許多客戶，往往不能果斷決定購買，總是猶豫不決。此時，推銷員的解釋、說明，能在一定程度上促使客戶放下心來，果斷做出購買決定。

（10）努力給客戶留下好印象

你是作為本公司的代表與客戶進行商務洽談的。不管客戶是否購買商品，僅就對方接受你的電話這一點，就應該表示感謝，並就占用了對方時間而表示歉意。要使客戶在放下電話之後，腦子裡仍然有一個好印象。

（11）避免常犯的錯誤

我們透過這樣一個例子來論述：

有一個年輕推銷員打電話想約一個客戶，這位客戶是他的高中同學，這兩個人不是真正要好的朋友，但是他們一直在一起。這是他第一次接近客戶。

當這個年輕人的母親接電話說她兒子不在時，這個推銷員經不起這個母親的追問，就決定說明他打電話找他的目的，這樣扯了一會，那個母親對推銷員說，她的兒子對保險不會有興趣的。推銷員表示希望這位母親代替他的兒子做出決定。

這個推銷員在這裡犯了兩個錯誤。第一個錯誤是「接近」之前，他應該知道要去接近的這個客戶到底自己能不能做主，如果這個客戶根本不能做主，推銷員應該準備去找其他可以做主的人推銷，如果推銷員認為他能完全自主，那麼，他最好安排好以後再與那個人親自談一下。第二個錯誤是這個推銷員不能控制和掌握談話的進行（不論這個客戶是不是獨立自主的人）。如果他不能在電話中把這個年輕人的母親說服，那麼他根本就不應該打這個電話，或者他應該長話短說，把電話掛斷，然後再找適當時機，直接和這個客戶談。

電話推銷是現代人常用的銷售方式，雙方的聲音、態度、舉止雖遠在千里之外，但都是可以感受到的，因此，一定要注意電話禮節。

第八章
談判的藝術

談判是一種面對對方的思維活動，是使用思想感情進行創作的過程，這一過程首先要藉助於對方所能理解的語言來完成的。所以，為了提高談判的成功率，從談判者的主觀方面來說，必須注意從語言方面訓練自己。

1．營造和諧的談判氣氛

談判氣氛形成後，並不是一成不變的。本來輕鬆、和諧的氣氛可能因雙方在實質性問題上的爭執而突然變得緊張、甚至劍拔弩張，一步就跨到談判破裂的邊緣。這時雙方面臨的最急迫問題並不是繼續爭個「魚死網破」，而是應盡快使談判氣氛緩和下來。

在一次談判中氣氛略顯緊張，這時一方的代表開口了：「王經理，聽說你是屬虎的，你的公司在你的領導下真是虎虎有生氣呀！」

「謝謝，借你吉言。唉，可惜我一回家，就虎威難再了！」「噢，為什麼呀？」「我和我的妻子屬相相克啊！我被降住了。」「那麼你的夫人……」「她屬武松！」

這一幽默雖有刻意營造的痕跡，但這並不妨礙它在緩和氣氛中所起的作用。雙方你來我往，不經意的幾句幽默話語，就讓原來的沉悶一掃而光，彼此間很容易就建立起一種親近隨和的關係。

在初次談判中，雙方都要寒暄一番以營造良好的談判氣氛。如果能像上面的例子中的談判者那樣恰當運用一些幽默語言，就可以將雙方本來陌生的關係塗上一些「潤滑劑」，而變得更加融洽、輕鬆。

營造一個和諧的談判氣氛，首先要讓對方高興，然後才能獲得我們自己想要的，這也是社會交換論的一種應用。可以採取先談談家常，談談與溝通內容無關的輕鬆話題或者開個小玩笑等方式來達到活躍氣氛的目的。這也是形成親和力的一種手段，既消除了雙方心理上的隔閡，又為以後的正題做好了鋪墊。顧左右而言其他，把自己的真實目的隱藏在一些輕鬆的「引言」之後，說話之前加個「墊子」，能起到很好的緩衝作用。

1．營造和諧的談判氣氛

每個人的內心深處都渴望被人欣賞、被人誇獎，讚美是人與人和諧相處的潤滑劑。讚美其實也是前面提到的「墊子」的一種，在人際交往中能很好的起到緩衝作用，是人際關係中一種良好的互動過程，是人和人之間相互關愛的體現。渴望被人賞識是人最基本的天性。既然渴望讚美是人的一種天性，那我們在生活中就應學習和掌握好這一生活智慧。在現實生活中，有相當多的人不習慣讚美別人，由於不善於讚美別人或得不到他人的讚美，從而使我們的生活缺少了許多愉快的情緒體驗。

在談判中應注意不要以自我為中心。因為人的內心深處都認為自己是對的，而不知不覺中很容易以自我為中心，急於表達自己的意見，而對對方的看法置若罔聞或者根本不給他人以發言的機會。

這樣不僅會使溝通失去了其本質的雙向性和交互性，也由於你沒有充分尊重對方，很容易讓溝通中的另一方產生抵觸情緒，反而達不到本來的目的。

談判過程中的點頭，可以表明你在專心聆聽並認同對方的意見，讓對方感到你對他的尊重。在交流過程中，當不該你發言時，你應表現出專心聆聽的姿態並對對方提出看法時不時點頭，能極大滿足對方需要他人認同的心理。

除了點頭以外，還有很多方法能達到相同的效果。在溝通中要避免產生爭辯的局面，當對方態度較強硬時，可以採用複述對方意見，並採用合一性架構的語言，如「我很同意您的意見，同時……」來提出自己不同的看法。在溝通中還應不斷用語言、動作等方式來表達自己對對方的肯定，即使你的意見正好和對方相反。而當對方的意見中有些和你相同時，就更應該著重抓住這部分相同點來表示自己的贊同。同時肯定對方的情緒。

　　談判其實就是一個表達——聆聽——回應不斷迴圈的過程。如果你能夠注意這個過程中的每一個環節，並且合理運用語言技巧，那麼你將會擁有一個和諧的談判氣氛，從而也為談判的成功奠定了堅實的基礎。

2·掌握談判中的敘述技巧

談判者要交流資訊，但是談判者又不能信口開河。談判者不但要準確表達自己的觀點與見解，而且要表達得有條有理，恰到好處，這就需要培訓有關敘述的技巧。

敘述是介紹己方的情況，闡述己方對某一問題的具體看法，以使對方了解自己的觀點、方案和立場。

在敘述技巧的口才培訓中，要求雙方坦誠相見，不但把對方想知道的情況坦誠相告，而且還可以適當透露己方的某些動機。

坦誠相見，是獲得對方信賴的好方法。人們往往對坦率、誠懇的人有好感。

當然，「坦誠」有時也要冒風險，對方可能會利用你的「坦誠」逼你讓步。所以，「坦誠」也是有限度的，並不是把一切和盤托出。既要坦誠，又要有限度，這就要求談判者要善於敘述。

談判的第一步是雙方資訊溝通，你所說的話至少要讓對方聽得懂。因此，在語言上應該簡潔明瞭，不要故弄玄虛，賣弄語言技巧；不要耍嘴皮子，使對方摸不著頭腦。

在談判中，倘若你無法避免使用某些陌生的專業術語，也要以簡明易懂的語言加以解釋，以便讓對方能夠了解你要表達的意思。

敘述中不要談及與談判主題無關的意見，也不要複述一些無關緊要的事情，因為這樣容易引起對方的反感。

沒有特定的需要（諸如：為了拖延時間，等待新的談判資料的提供；由於事先考慮不周，在敘述過程中發現了新問題，需要時間加以重新考慮，等等）切勿隨便發表與主題無關的意見。

談判是件嚴肅的事。在面對面的談判中，雙方既沒有戲言，也不允許隨便反悔。因此，應該審慎發表意見。談判者對任何事情、任何問題，第一次講話都要做到準確表達己方的見解。

比如，當對方請你說明你公司準備提供的某種新產品時，如果你對市場態勢和產品定價的新情況不很了解，你就不能隨便報價。否則，後悔就來不及了。價格報低了，只好啞巴吃黃連。

敘述時，不要拐彎抹角回不到主題上來。人的講話與個性、風格有關。有的人喜歡在說話時繞彎子，這在平時是無關緊要的。但是，一旦你作為談判者就得注意這個問題了。

談判者在敘述中拐彎抹角，會妨礙雙方資訊的交流溝通。一方說得越離譜，越玄虛，另一方就越不知所云。因此，不明確的、不簡潔的敘述是阻礙談判的絆腳石。

談判中的敘述口才技巧有許多：

（1）轉折用語

談判中如遇到問題難以解決，或者有話不得不說，或者接過對方的話題轉向有利於自己的方面去，都要使用轉折用語。例如：

「可是……」

「但是……」

「雖然如此……」

「不過……」

「然而……」

這種用語具有緩衝作用，可以防止氣氛僵化。既不致使對方感到太難堪，又可以使問題向有利於自己的方向轉化。

（2）解圍用語

當談判出現困難，無法達成協議時，為了突破困境，為自己解圍，可以運用解圍用語。

例如：

「真遺憾，只差一步就成功了！」

「就快要達到目標了，真可惜！」

「行百里者半九十，最後的階段是最難的啊！」

「這樣做，肯定對雙方都不利。」

「再這樣拖延下去，只怕最後結果不妙。」

「既然事情已經到這個地步了，懊惱也沒有用，還是讓我們再做一次努力吧！」

這種解圍用語，有時能產生較好的效果。只要雙方都有談判誠意，對方可能會接受你的意見，促成談判的成功。

(3) 彈性用語

對不同的談判者，應用不同的方式說話。

如果對方很有修養，語言文雅，己方也要採取相似語言，談吐不凡。

如果對方語言樸實無華，那麼己方用語也不必過多修飾。

如果對方語言爽快、耿直，那麼己方就無須迂回曲折，可以打開天窗說亮話，乾脆俐落攤牌。

總之，在談判中要根據對方的學識、氣度、修養，隨時調整己方的說話語氣、用詞。這是雙方溝通思想、交流感情的有效方法。

談判中還要注意，不能以否定性的語言來結束談判。

從人的聽覺習慣去考察，在某一場合，他所聽到的第一句話與最後一句話，常常能留下很深的印象。

在談判中假如你以否定性話語來結束會談，那麼，這否定性話語會給對方一種不愉快的感受，並且印象深刻。同時，對下一輪談判將會帶來不利影響，甚至危及上一輪談判中談妥的問題或達成的協議。

所以，在談判終了時，最好能給予談判對手正面評價。例如：

「您在這次談判中表現很出色，給我留下深刻的印象。」

「您處理問題大刀闊斧，欽佩，欽佩！」

不論談判結果如何，對參與談判的人來說，每一次談判都是談判各方的一次合作過程。因此，一般情況下在談判結束時對對方給予的合作表示謝意，這是談判者應有的禮節，而且對今後的談判也是有益的。

3．答覆談判對手的技巧

在談判中正確的答覆未必就是最好的答覆，正確的答覆有時可能愚蠢無比。答覆的藝術在於知道什麼應該說，什麼不應該說，而並不在於答覆內容的對錯。

談判應酬中回答問題，不是一件容易的事。因為回答問題者不但要根據對方的提問來回答，並且還要把問題盡可能講清楚，使提問者得到答覆。而且，他對自己回答的每句話都負有責任，因為對方可能把他的回答理所當然認為是一種承諾，這就為回答問題的人帶來一定的精神負擔與壓力。因此，一個談判者水準的高低在很大程度上取決於他答覆問題的水準。

談判，就其基本構成來說，是由一系列的問和答所構成的，有問必有答，「問」有問的藝術，「答」也要有答的技巧。

(1) 要給自己一些思考的時間

談判中對提問回答的好壞，並不是看你回答的速度，特別是面對一些涉及重要既得利益的問題，必須三思而後答。此時可以藉由喝水調整一下自己的坐姿、整理一下桌子上的資料、翻一翻筆記本等動作來延長時間，作出經過思考的回答。

(2) 不應隨便答覆

談判者在談判桌上的提問動機複雜，目的多樣，談判者往往沒有了解問話動機，按常規回答，結果反受其害，而每一個高明的回答，都是建立在準確判斷對方用意的基礎之上，並獨闢蹊徑，富有新意的。

回答問題，要給自己留有一定的餘地。在回答時，不要過早暴露你的實力。通常可用先說明一件類似的情況，再拉回正題，或者，利用反問把重點轉移。例如：「是的，我猜想你會這樣問，我可以給你滿意的答覆。不過，在我回答之前，請先允許我提一個問題。」

若是對方還不滿意，可以這樣回答：

「也許，你的想法很對，不過，你的理由是什麼？」

「那麼，你希望我怎麼解釋呢？」等等。

（3）有些問題是不值得回答

談判中，有時會涉及有損己方形象、洩密或無聊的問題，對此談判者不必為難，不予理睬就是最好的回答，可以用無可奉告來拒絕回答。

例如在談判中有些談判者會提些與談判主題無關的問題，回答這種問題顯然是浪費時間。或者，對方會有意提一些容易激怒你的問題，其用意在於使你失去自製力。回答這種問題只會損害自己，因此可以一笑了之。

（4）要使回答具有靈活性

有的提問是由一種心理需要所驅使，回答就應針對其動機而來。比如，市場上只有一家賣魚的，顧客問：「這魚多少錢一斤？」答：「五十元」，就不如答：「老價錢，五十元」，因為顧客的心理動機是看價錢漲了沒有，然後決定買不買或買多還是買少。

如果市場上有幾家賣同類魚的，顧客動機就複雜了。一是可能比較各家的價格高低，二是要看漲價了沒有，另外魚有大小和新鮮程度的差別，顧客還要看魚是否質價相符，在這種情況下，要回答得對顧客有吸引力，考慮的因素多了些，答案也就要視情況而定。

（5）某些問題只需作局部的答覆

這主要是指某個問題包括幾個方面，如果將這些方面的問題都加以回答，並不一定能夠完全清楚表明己方的立場和態度，或者在某一方面一時難以說清楚。而說不清楚的勉強去說，反而會壞事，所以還不如有選擇的對某些方面作出回答。

（6）有些問題可以答非所問

從談判技巧角度看，對不能不回答的問題採用答非所問是一種行之有效的方法。有時，對方提出的問題己方很難直接從正面回答，但又不能用拒絕回答的方式來逃避問題，這時就只能應付對方，講一些與此問題既有關又無關的問題，東拉西扯，不著邊際，看上去回答了問題，其實沒有實質性內容。

（7）有時採用推卸責任的方法

有些談判者面對毫無準備的提問，往往不知所措，或者即使能夠回答，但鑑於某些原因而不便回答的時候，通常就可採用諸如「對於這個問題，我雖沒有調查過，但我曾經聽說過……」等推卸責任的回答法。這些回答中，即使答案是胡說八道帶有故意欺騙的性質，回答者也可以不負責任，因為答案不但沒加肯定，而且是道聽塗說的。這種回答法對於那些為了滿足虛榮心的提問者，以及自己不明確提問的目的和目標的提問者，往往能收到較好的效果。

（8）有些問題的回答可使用安慰的方法

當問題屬於公認的複雜性問題或短時間內無法回答清楚的問題，以及技術性很強，非專家討論無法明瞭的問題時，有些回答往往採用安慰式。即首先肯定和讚揚提問者提問的重要性、正確性和適時性，然後話鋒一轉，合情合理強調提問所涉及的問題複雜性以及馬上回答的困難程度，還可以答應以後找個專門的時間對提問進行專門的討論等，以此換取包括提問者在內的理解與同情。

總之，談判中的應答技巧不在於回答對方的「對」或「錯」，而在於應該說什麼，不應該說什麼和如何說，這樣才能產生最佳效應。

4· 拒絕談判對手的技巧

在談判過程中，當你不同意對方觀點的時候，一般不應直接用「不」這個具有強烈對抗色彩的字眼，更不能威脅和辱罵對方，應盡量把否定性的陳述以肯定的形式表達出來。

例如，當對方在某件事情上情緒不好、措辭激烈的時候，你應該怎麼辦呢？

一個老練的談判者在這時候會說一句對方完全料想不到的話：「我完全理解你的感情。」

這句話巧妙之處在於，婉轉表達了一個資訊：不贊成這麼做。但使對方聽了心悅誠服，並使對方產生好感。

又如對某些很難一下子做出回答的要求和問題，可以說：「我們將盡快給你答覆。」「我們再考慮一下。」「最近幾天給你們回音。」這裡的「盡快」、「一下」、「最近幾天」都具靈活性，留有餘地，可使自己避免盲目做出反應而陷入被動局面。

這種辦法，雖然可以擺脫窘境，既可不傷害對方的感情，又可使對方知道你有難處。但是，這種辦法總有點不乾脆。

因為，這樣雖一時能敷衍過去，但對方以後還可能再來糾纏你。總有一天，當對方發覺這就是你的拒絕，明白你以前所有的話都是托詞，於是他就會對你產生很壞的印象。

所以，有時不如乾脆一點，坦白一點，毫不含糊的拒絕。

有一天，一位推銷員推開老王的家門，說：「能不能給我十分鐘的時間，我是來做民意調查的。」

對方是十分認真的，所以，老王如果有時間，陪陪他是無所謂的。

不巧，夫人不在家，而且，他正在寫期限將到的稿子。

老王正感到為難時，對方很快發現了門邊的羽毛球拍。

於是他開口說：「您好像對羽毛球……」

老王不得不打斷他的話：「不，那是我內人偶爾……」

「哦，夫人會打，那真好……」

「不好，經常不在家……」

「有這種閒暇……」

「沒有，太忙了。」

「那麼請借用五分鐘……」

「呀，已經超過了吧？」

這樣一來二去，那位推銷員只好知難而退了。

從說服者的角度說，他當然想要和對方長時間說下去。如果在「您好像對羽毛球……」之後答一句「嗯，有點吧」。然後，接下去就是「是不是從小就喜歡？」「是否參加過什麼比賽？」之類的問話，一直引導到他要推銷的產品上。

為避免這樣的結果，一定要將對方的話切斷，那對方就無計可施了。

談判過程中，說「是」總比斷然說「不」能給對方以安心感。

比如，對方說：「你聞聞看，很香吧？」

你可以說：「是的，但是……」

先承認對方的說法，然後，則以「但是」的托詞敷衍過去。

倘若開始就斷然說一句「不」，對方一定不會甘心，千方百計要和你磨蹭。用「是的，但是……」的話，那麼對方再精明，也無可奈何，只好放棄說服你的企圖。

所以，你想拒絕對方時，應先用「唔，不錯」的話來肯定對方；

或說：「是的，您說得一點也不錯。不過，請您耐心聽聽我的理由好嗎……」

　　這樣婉轉敘述反對意見，對方較容易接受。

　　談判中拒絕對方時，一定要講究策略。婉轉拒絕，對方會心服口服；如果生硬拒絕，對方則會產生不滿，甚至懷恨、仇視你。所以，一定要記住，拒絕對方，盡量不要傷害對方的自尊心。

5．談判中的插話技巧

談判無非就是「說」與「聽」，光「說」不「聽」，或光「聽」不「說」都是不恰當的談判方式，倘若對方說個不停，你就有必要讓他知道你也有說話的權利。

談判中盡量不要打斷對方的話，這是對對方的一種禮貌和尊重。但是，談判中不要打斷對方的話，並不意味著始終保持沉默。傾聽中適當插話也是必要的。因為不時的語言回饋，能夠表明你一直積極傾聽，同時對方也可以在你的語言回饋中得到肯定、否定或引導，這對於談判順利進行是有利的。

在談判中插話，關鍵在於適當。一般來說，有這樣幾種情況是插話的契機：

（1）當對方說話稍有停頓時，你可以插話要求補充說明。如：

「請再說下去。」

「還有其他情況嗎？」

「後來怎麼樣了？」

像這類語言，可以使對方談興更濃，把更多的想法和情況告訴你。

（2）當對方說話間藉喝茶、點菸思考問題或整理思路時，你可以插話提示對方。如：

「這是第二點意見，那麼第三點呢？」

「上述問題我明白了，請談下一個吧。」

這類插話，承上啟下，給對方啟示和引導。

（3）在對方談話間歇的瞬間，給予簡單肯定的回答。如：

「是的。」

「我理解。」

「很對。」

「我明白。」

這種插話，可以表示對對方談話贊成、認同、理解，使談判氣氛更加融洽和活躍。談判中的插話，還可以使用「重複」和「概述」兩種方法。

「重複」具有促使對方講下去、明確含義、強調話題的作用。

比如，當談判對手談及一個新的問題時，為了明確含義或者為了突出其重要性，我們可以這樣來重複：

「您的意思是不是……」

「我想您大概想講……」

「您認為這很重要嗎？」

「重複」使用得及時和恰當，往往能使談判避免停頓和中斷，可以收到很好的效果。

在與條理性不清和組織句子能力較差的人談判時，應該抓住機會對他的言語進行一定的整理，以防其雜亂無章「開無軌電車」。這裡，比較有效的整理方法就是概述。

概述應緊扣主題，突出幾點，理出頭緒，去掉與主題無關的廢話，保證談判的順利進行。

比如，我們可以這樣說：「聽您所說，大致有這樣幾個問題……」然後羅列出幾個要點，使問題顯得清晰。

表示概述的語言很多：

「您剛才說……」

「用您的話講，這就是……」

「總而言之，您認為……」

這樣的概述還給人以禮貌的感覺。談判者往往喜歡別人理解自己的意思，如果你表達出他想說而沒能說清楚的話，就很容易贏得他的好感，而這對談判是有好處的。

但是，談判中要注意，插話關鍵是「插」得適時。如果無休止打斷對方講話，同時頻頻改變話題，那麼，會使對方感到談判無法進行下去。為了使談判順利進行，一定要及時回答對方的問話，同時不失時機和對方展開討論等等。但是說話必須掌握分寸，適可而止，如果你口若懸河，滔滔不絕，嘮叨個沒完，絲毫不給對方插話的機會，就有可能會把自己不應被對方知道的意圖暴露出來。同時，對方也會對你產生厭倦情緒。

6．和顏悅色的談判才能雙贏

人常說：和為貴。談判也是這樣，只有和顏悅色的談判，才能獲得雙方的共同的需要，才能獲得雙方共同的利益。

一個英國老闆到倫敦出差，想在報攤上買報紙，發現未帶零錢，只好遞給報販十元整鈔，說：「找錢吧。」

誰知報販很不高興，回答道：「先生，我可不是在上下班時來替人找零錢的。」

於是這位老闆走了過來，和顏悅色對報販說：「先生，我是外地來的，想買份這裡的報紙，但我只有一張十元的鈔票，不知你是否願意幫助我解決這個困難？」

結果，報販毫不猶豫把一份報遞給了他，並且友好的說：「拿去吧，等有了零錢再給我。」

禮貌待人，和言暖心，終於取得了對方的合作。

由此及彼，商戰中的談判離不開和「言」悅色。一位專家曾這樣說：「一個有心機的人應該對任何人都不說威脅之詞，不發辱罵之言，因為二者都不能削弱對手的力量。威脅會使他們更加謹慎，使談判更艱難；辱罵會增加他們的怨恨，並使他們耿耿於懷以言辭傷害你。」

在商談中，即使受了對方不禮貌的過激言辭的刺激，也應保持頭腦冷靜，盡量以柔和禮貌的語言表述自己的意見，不僅語調溫和，而且譴詞造句都應適合談判場面的需要。盡量避免使用一些極端用語，諸如：「行不行？不行就算了。」「就這樣定了！」這些話會激怒對方，而把談判引向破裂。

一般說來，商談可分為合作性談判和競爭性談判兩大類型。不管是哪種類型的談判都必須和「言」悅色，以創造融洽氣氛，溝通談判雙方，建立相互信任的人際關係。常用的方法有以下兩種：

（1）不能對對方的動機和行為加以評判

在談判過程中，即使你的意見正確，也不能對對方的動機和行為加以評判，因為如果談判失誤，就會造成對立而不易贏得對方合作。這樣對方聽了，顯然一下子難以接受。如果將這句話改變人稱，並換一種表述方式，其效果就大相徑庭了，對方聽後就不會產生反感了。

（2）和悅面對對方

在談判中若不同意對方的觀點，即使對方態度再不好，你也應該和悅的面對對方。譬如，當對方情緒激動、措詞不當時，也不能指責：「你這樣發火是沒有任何道理的。」而應該肯定：「對你的感情我完全理解。」這樣說使對方聽了悅耳，會對你產生好感。當談判陷入僵局的時候，你絕不能使用任何否定對方的字眼，要不失風度：「在目前的情況下，我們只有做到這般地步了。」

7·談判中的詭辯及對策

詭辯形式形形色色。在論題方面，常常表現為偷換概念，轉移論題；在論據方面，又常常表現為訴諸權威，預期理由，以偏概全，類比不當等等。下文將對商務談判中常常出現的幾種典型的詭辯術表現形式進行分析，並提出駁倒詭辯的具體方法和對策。

（1）以現象代本質

所謂以現象代本質的詭辯術，實際上就是故意掩蓋事實真相而強調問題的表現形式，並虛張無關緊要的利害關係的一種論證方法。狡詐的商人往往藉用此種方法達到了牟取暴利的目的。在商務談判中，我們只要堅持辯證思維的客觀性、具體性的原則，就能識破對方擺出的迷魂陣，從而把握事務的本質，使談判循著客觀公正的方向進行。

（2）以相對為絕對

這是一種故意混淆相對判斷與絕對判斷的界線，並以前者代替後者，以扼制、壓倒對方談判人員的論證方式。為了促使對方接受某個立場，經驗老到的談判人員往往運用此種方法控制對手，進而掌握住談判發展的進程。這儘管不公道，但都很見成效。因此，在商務談判中，談判人員只有了解此種詭辯術的特點和表現形式，才能迅速識破其本質，在談判過程中立於不敗之地。

總之，在商務談判中，只要堅持辯證思維的具體性和歷史性原則，細緻分析談判對手論點、條件中的絕對因素和可變性，就能戳破以相對為絕對的詭辯術，從而保證公正法則在貿易過程中得以運行。

（3）以偶然為必然

這是一種故意將某事物發展中發生的偶然事件（或偶然性）作為

不可避免的趨勢，從而推及其他事物與過程的推理方法。由於商務談判涉及的對象、環境、條件的可變異性，詭辯論者往往從大量偶然性中拾取其一並任意發揮，以求為己方謀取最大的利益。例如：

某紡織廠一九八九年初與某原料供應基地初步商定於當年夏季購進一百噸初級麻，在簽訂經濟合約時，由於生產廠家產品暫處滯銷狀態，故要求賣方延期半年交貨。供貨方同意這一提議，但認為須相應改動合約中的價格條款。理由是：一九八八年物價上升指數為幾個百分點，貨物順延半年交貨，則原料價格也應上調百分之二十。對賣方的這種漲價要求，買方如何答覆呢？

堅持分析事物的客觀性與具體性，是駁斥上述建立在偶然為必然詭辯術基礎上的漲價論的根本方法。買方應向對方闡明如下觀點：其一，一九八八年通貨膨脹率並不能說明一九八九年的通貨膨脹率，因此，對方以此為基礎的漲價要求是沒有客觀依據的；其二，由於消費市場處於疲軟狀態，麻製產品也出現滯銷現象，以發展的眼光來看，生產廠家不景氣的直接後果必然使原料供應處於飽和狀態，而原料一旦供過於求，則其降價勢在必行；其三，如對方一定堅持上浮價格，那麼條款中應作如此規定：至交貨之日，如果生產麻原料價格上漲，則買方相應補足其差價部分，反之價格相應下降。價格上浮與下降的幅度，以半年後國內市場此類商品浮動的實際程度為準。

買方在做出這種具體分析以後，賣方就無法再堅持漲價的要求了。

(4) 平行論證

平行論證也是一種在洽談中使用較多並每每奏效的詭辯術，實際上，平行論證是一種「偷梁換柱」或「避實就虛」的辯術，它往往透過轉移論題的方式來消除己方的不利因素或掩蓋其自身談判條件的弱點，以達到壓服對方牟取私利的目的。

在談判過程中，當一方論證他方的某個弱點時，他方則虛晃一槍另闢戰場，抓住你的另一個缺陷開戰（有時，他方也可能故意提出新的論題大做文章）。這種論戰形式，即為「平行論證」。平行論證的結果是混淆了事物的因果關係，擾亂對方談判人員的思維方式，從而使談判失去確定的方向。因此，任何談判人員對此都不能掉以輕心。

下面舉兩個非常典型的例證。

例一：

某甲自行車廠準備與某乙自行車廠聯合生產某種型號的自行車，甲方負責廠房、設備、資金與工人的安排等事宜，乙方則向甲方提供生產指導、技術培訓並轉讓商標的使用權。洽談時，甲方就技術指導培訓的具體問題（如對方將派出多少以及哪一級的技工人員，透過何種途徑傳授技術並使本廠人員提高到何種程度等等），要求對方做出較為明確的答覆，但乙方卻迴避上述問題，而大談之後產品利潤的分成問題，並要求對方拿出具體的分成方案進行討論。

例二：

某甲向某乙銷售某型號精密機床，談判開始後，賣方馬上提出了報價，買方要求對方解釋報價形成的構成因素和基礎。對此要求賣方充耳不聞（主要怕過早洩露資訊），而揚言對買方的供貨性能要求不甚了解，不好做「最終報價」，目前報價的可變因素甚多，最好對方確切說明供貨數量與性能要求，並提出可接受的價格，而後己方才能最終報價等等。

如何認清這種似乎有理的詭辯術並使談判繼續進行呢？我們不妨對其加以具體分析。

在例一中，甲方代表採用的是一種避實就虛的招術。甲方之所以要與乙方聯合營業，最關鍵的是缺少高超的生產技術，否則，合作就失去了基礎。因此，甲方要向乙方說明，只有在確定了乙方所能提供的技術指導和培訓的範圍及其程度之後，才能進一步商談產品利潤的分配等其他事宜，前一個問題不清楚，後面的問題就無從解決。

(5) 濫用折中

濫用折中是談判人員面對兩種差距極大或根本對立的觀點，不作任何客觀具體的分析，而用「和稀泥」的方式從抽象的概念上折中二者的詭辯手法。例如：

某貨物賣方要價兩百元，買方提出用一百元購買，買賣雙方的價格分歧是一百元。賣方提出各讓五十元，表面上看來公平合理，實質上卻缺乏任何具體的分析。比如，此物的實際市場流通價只是一百元，折中成一百五十元，買主豈不被賣方硬性詐去五十元，假使雙方成交的是大批的生意，那麼其後果對買方來說將是災難性的。

因此，建立在公平原則上的貿易關係，應以客觀性為基礎，一方必須允許對方再行討價還價，直至貨物價格接近於市場同類產品的合理價格為止。

如果貿易雙方的分歧不是表現在產品的價格上而是在合約的條文上，則濫用折中的危害性更大。合約條款的分歧一旦發生在某些原則上（如條文與法律規定的抵觸），則有問題的一方應主動加以全面糾正，其間不存在折中變通的做法。

當然，在很多時候，談判雙方為了促使貿易關係盡快形成，針對雙方的分歧，各自做出某種讓步，對彼此都是有益的，也是必要的。因為這種貿易的結果是雙方都能於其中得到利益。但建立在詭辯術基礎上的濫用折中，卻只能嚴重損害他方的利益，它既無法體現出商務談判所應遵循的公平合理的原則，也不可能成為雙方寬容和解精神的象徵。

總之，商務談判中，詭辯術的表現形式是多種多樣的，任何談判人員對此都應有清醒的認識。從根本上來說，對付玩弄詭辯伎倆者的最佳方法，是掌握好辯證邏輯的思維方式，以客觀性、具體性、歷史性三原則認清其詭辯本質並加以正確的處理。

8．有效談判的技巧

在貿易談判桌上，若想獲得成功，還應具有一定的談判技巧，才能擔當起重任。以下幾點建議將有助於你的談判更有效：

（1）留有討價還價的餘地

業務員在談判中使用語言應既友善又果斷，無懈可擊。保持談判在友好的氣氛中進行，為談判成功打好基礎。但在提要求時，要提得比預期達成的目標稍高一點，給自己留下進退的餘地。如果你是賣主，叫價不妨高一些；如果你是買主，出價則應低些。

請注意，無論哪種情況，都不能亂叫價，務必在合理範圍之內。信口開河會給人留下極為糟糕的印象，對方會對你冷眼相看。應該做到像俗話所說的：既不能被人看扁了，也不要把人嚇跑了。有時，由於價格等原因發生僵局，雙方各執己見，相持不下，這時不妨暫停談判，或者換個話題，或者採用提問的方式說明自己的銷售意圖，改變對方對自己價格的看法。

（2）不輕易亮底

洽談開始以後，洽談業務人員應做到語言謹慎、委婉，有時候先要隱藏住自己的要求，讓對方先開口說話，設法引誘對方暴露其真實情況，將對方的要求、成交打算等方面的情況掌握得越多越好。實際分析對方的立場，掌握對自己有利的情況。不要輕易暴露自己，特別是對方主動找你談買賣，更要先穩住。事實證明：不急於在談判中先表態的人往往是業務成交的勝利者。

在多數的談判中，讓步行為和決定行動，都是在接近截止時間才發生的。因此，雙方都希望摸到對方在談判中的「死線」。例如：

美國商界的代表戈漢被公司派往東京談判，日本商界的談判者在迎接戈漢時格外熱情，客人十分感動，輕易將回程的時間告訴日方，亮出於自己只限兩個星期的「死線」。日本人安排花樣眾多的活動，以拖延時間，然後草草談判，最後在歸途去機場的轎車上答應了日方一切要求，老謀深算的日方大獲全勝。

（3）以退為進，學會讓步

如果談判到了關鍵時刻，你碰到棘手的問題時，不妨可以這樣說：「這件事讓我考慮一下」或「這件事我們另外請示商量一下」等等，這些委婉的措辭都能為你贏得調整思維部署新方案的機會。如果你願意的話，可在較小的問題上先讓步，不過你不要讓步太快，要作高明的讓步。因為對方等得愈久，愈會珍惜它，不過這種等待，要讓對方明顯感到是有希望的；同時，不要做無謂的讓步或同等級的讓步，你的每次讓步要能使對方感覺到你是做了很大的努力，是願意給對方好處的，是因種種原因往往無能為力，現在爭取到手的也來之不易。而實質上你並沒有受到任何損失。

（4）切莫打斷對方講話

無休止打斷對方談話，同時頻頻改變話題，會使對方感到談判無法進行下去。例如下面所述的一次談判中的對話：

「請看我廠最近生產的洋裝做工新穎，花色美觀大方。」

「說到美觀大方，我立即想起我們公司服裝廠生產的百褶裙，那真是……」

「這種洋裝在國內是首創，一上市馬上被搶購一空！真是難得的好貨……」

「要說暢銷貨，百褶裙真是意想不到的暢銷，年輕姑娘、中年婦女，甚至老年婦女也都喜歡穿，真是……」

如此這樣打斷對方的談話，會造成洽談中斷停止。為了使貿易談判順利進行，一定要及時回答對方的問話，同時不失時機的和對方展開討論等等。洽談貿易時，業務員說話必須掌握分寸，適可而止。如果你口若懸河，滔滔不絕嘮叨個沒完，絲毫不給對方插話的機會，有可能會將自己的銷售意圖暴露出來。同時，對方對你會產生討厭情緒，認為你沒水準，對你有利的買賣也一定不會成功。

(5) 以擺事實講道理解決爭執

談判成功，簽訂了合約，在雙方執行合約中，出現這樣或那樣的貿易糾紛時，一定要根據合約中規定的條款，按事態的具體情況，擺事實講道理，合理解決爭端。例如：

某服裝公司與一家百貨公司簽訂了訂購服裝合約，規定六月交齊。由於種種原因，服裝公司可能延期交貨，為此，百貨公司表示如果錯過銷售旺季，就要服裝公司賠償損失。同時服裝公司也聲明，百貨公司如所以不能按期交貨，因為合約規定的由百貨公司提供的輔料，必須在三月分交貨，但客方直到四月下旬才交齊，影響了按期交貨，因此責任並不是我們造成的，雙方在不同程度上都負有責任。根據上述事實，兩方就要擺事實講道理，經過有理、平等、互利的談判，解決貿易糾紛。

俗話說「貨賣一張嘴」，是強調商品推銷員說辭的重要。從事恰談業務的人員，加強交際語言的基本功，是必不可少的。只有這樣，才能在貿易的談判桌上立於不敗之地。

(6) 運用競爭的力量

即使對方認為他提供的是獨門生意，你也不妨告訴對方，你可以在買新產品與二手貨之間選擇，還可讓對方知道你可以在買與不買，要與不要之間作選擇，以創造一種競爭的姿態。

（7）伺機喊「暫停」

如果談判陷入僵局，不妨喊「暫停」，告訴對方你要和合夥人、老闆或專家磋商。「暫停」還可以讓對方有機會懷疑或重新考慮，而且讓你有機會重獲肯定的談判地位，或者以一點小小的讓步，重回談判桌。

（8）當心快速成交

談判若進行得太快，就沒有時間了解全貌，以致來不及詳細思考而亮出自己的底牌。除非你的準備工作做得非常好，而對方又毫無準備，否則，最好讓自己有充分的時間思考。

（9）不妨大膽威迫一下對手

大膽威迫對手，看對方怎樣反應。這一招帶點冒險性，但可能會非常管用，可以使對方接受修改的合約，或是重開談判。

（10）運用「預算戰略」

比如說：「我真的喜歡你的產品，而且也真的有此需要，可惜我沒有能力負擔。」這項間接求助的策略可以滿足對方的自負，因而讓步。

（11）小利也是利

縱使對方只是小小的讓步，也值得珍視。在整個過程中，對方讓步就是你爭取而來的勝利，說不定對方的舉手之勞，就能為你省下不少金錢和時間。

（12）要有耐心

不要期望對方立刻接受你的新構想。堅持、忍耐，對方或許最後會接受你的意見。

9．這樣提問能挖出資訊

提問的技巧：從問中挖出訊息。發問是使自己「多聽少說」的一種最有效的方法，談判中發問主要有以下幾種功能：

(1) 搜集資料。如：「你可否談一談貴方所希望的付款條件？」

(2) 透視對方的動機與意向。如：「哪些因素促使你決定參加此項投標的機會？」

(3) 鼓勵對方參與意見。如：「你對整個計畫的完工日期有什麼看法？」

(4) 測定意見是否趨於一致。如：「這次加薪幅度的建議與你期望中的幅度有無差距？」

為使發問在談判中發揮其獨特的功能，掌握以下一些基本方法是必要的。

(1) 封閉式發問

這是可以在特定領域中獲得特定答覆的發問。例如：「你是否認為售後服務沒有改進的可能？」（答覆應為「是」或「否」）封閉式發問可使發問者獲得特定的資料，而回答這種提問的人並不需要太多的思索工夫即能給予答覆。

(2) 開放式發問

這是一種能夠在廣泛領域內獲得廣泛答覆的問句。通常均無法以「是」 或「否」 等簡單的措辭作為答覆，例如：「你對自己當前的工作表現有何看法？」「假如你方再度延遲交貨，我方則將對已到期的貨款進行止付。這樣做，你方有何意見？」等等。開放式提問因為不限定答覆的範圍，故可使對話者暢所欲言，同時發問者也可以從中獲悉對話者的立場與感受。

(3) 澄清式發問

這是針對對方的答覆，重新提出問題使對方做出證實，或補充原先答覆的一種問句。例如：「你剛剛說對目前進行中的這一宗買賣你可以作取捨，這是不是說你擁有全權跟我方進行談判？」澄清式問題不但能確保談判雙方在「同一語言」基礎上進行溝通，而且這是針對對方的話語從事回饋的一種理解方式。

(4) 探索式發問

這是針對對方的答覆，要求引申或舉例說明的一種問句。例如：「你說你們對所有的承銷商都一視同仁的按定價給予百分之三十的折扣，請說明一下為什麼你們不對銷售量更大的承銷商給予更大的折扣作為鼓勵？」探索式問句不但可以用以發掘較充分的資訊，而且可以用來顯示發問者對對方答覆的重視。

(5) 含有第三者意見的提問

這是藉助第三者的意見以影響對方意見的一種問句，例如：「工程部門的專家頗支援使用部門更新設備的要求，不知你們採購部門對更新設備的要求有何看法？」含有第三者意見的問句中的第三者，如果是對方所熟悉而且也是他所尊重的人，該問句對對方將產生很大的影響，否則，將適得其反。

(6) 引導性問句

這是指對答案具有暗示性的問句。例如：「你們違約，是不是應承擔責任？」這類問題幾乎使對方毫無選擇按發問者設計的答案回答。

10．讓對手愉快接受

談判中能否說服對方接受自己的觀點，是談判能否成功的一個關鍵。談判中的說服，就是綜合運用聽、問、敘等各種技巧，改變對方的最初想法而接受己方的意見。

說服是談判過程中最艱巨、最複雜，同時也是最富有技巧性的工作。在談判中，必須掌握說服的技巧：讓對方心悅的接受。

下面分兩個方面來論述：

1．創造說服對方的條件

(1) 要說服對方改變初衷，應當首先改善與對方的人際關係。當一個人考慮是否接受說服之前，他會先衡量說服者與他熟悉的程度，實際就是對你的信任度。對方在情緒上與你是對立的，則不可能接受你的勸說。

(2) 在進行說服時，還要注意向對方說明你之所以選擇他為說服對象的理由，使對方重視與你交談的機會。

(3) 把握說服的時機。在對方情緒激動或不穩定時；在對方喜歡或敬重的人在場時；在對方的思維方式極端定勢時，暫時不要說服，這時你首先應當設法穩定對方的情緒，避免讓對方失面子，然後才可以進行說服。

2．說服的一般技巧

(1) 努力尋求雙方的共同點。談判者要說服對方，應極力尋求並強調與對方立場一致的地方，這樣可以贏得對方的信任，消除對方的對抗情緒，用雙方立場的一致性為跳板，解開對方思想上的結，說服才能奏效。

(2) 強調彼此利益的一致性。說服工作要立足於強調雙方利益的一致性，淡化相互間的矛盾性，這樣對方就較容易接受你的觀點。

(3) 要誠摯向對方說明，如果接受了你的意見將會有什麼利弊得失。既要講明接受你的意見後對方將會得到什麼樣的益處，己方將會得到什麼樣的益處，也要講明接受你的意見，對方的損失是什麼，己方的損失有哪些。這樣做的好處是：一方面使人感到你的意見客觀、符合情理；另一方面當對方接受你的意見後，如果出現了意想不到的情況，你也可以進行適當的解釋。

(4) 說服要耐心。說服必須耐心細緻，不厭其煩動之以情，曉之以理，把接受你的意見的好處和不接受你的意見的害處講深、講透。不怕挫折，一直堅持到對方能夠聽取你的意見為止。在談判實踐中，常遇到對方的工作已經做通，但對方基於面子或其他原因，一時又下不了台。這時談判者不能心急，要給對方一定的時間，直到瓜熟蒂落。

(5) 說服要由淺入深，從易到難。談判中的說服，是一種思想工作，因此也應遵照循序漸進的方法，開始時，要避開重要的問題，先進行那些容易說服的問題，打開缺口，逐步擴展。一時難以解決的問題可以暫時拋開，等待時機再行說明。

(6) 不可用脅迫或欺詐的方法說服。說服不是壓服，也不是騙服，成功的說服必須要體現雙方的真實意見。採用脅迫或欺詐的方法使對方接受意見，會給談判埋下危機。

11．結束談判的技巧

當你覺得談判有益於你時，便希望及早結束談判，於是可以擺出各種理由來說服對方，想出一條巧妙的對策盡快結束談判。

結束談判也要考慮技巧、策略，下面我們簡單談談結束談判的幾點要求：

(1) 表現出對「結束談判」的積極態度，反覆詢問對方：「既然我們對所有的問題都已達成共識，何不現在就簽署協定呢？」

(2) 在要求結束談判時，話不必過多，以免忽略了對方的反應，同時，話太多也會讓對方覺得你緊張以及情緒不穩定。

(3) 反覆詢問對方，影響達成協議的問題何在。或許在對方的回答裡，你能夠找到解決困境的線索。

(4) 反覆告訴對方，達成協議是很明智的抉擇。盡量把理由說得堂堂正正一點。

(5) 不妨假定談判已經達成協議。如果你是買方，準備一支筆記下協定要點，並詢問對方支票開具的日期；如果你是賣方，詢問買家貨物該送往什麼地方。

(6) 和對方商量協定的具體內容，比如遣詞用句、運送方式，以示該談判已在主要議題和價格上達成共識。

(7) 以行動表示。業務人員開始填寫訂單，買方則給賣家購貨憑證，並相互握手。行動可以具體表達你對達成協議的誠意。

(8) 強調如果達不成協議的話，可能帶來一些損失。有些人可能對得到什麼無動於衷，但卻非常在意失去什麼。如果你是買方，你可以告訴對方，你提供這麼優厚的條件，這已經超越了你的許可權，所以如果對方不馬上決定的話，等一會你老闆來了，可能就沒有這麼好說話了，而且，老實說，還有很多人在排隊等著這個千載難逢的機會呢！

(9) 提供一項特別的優惠，誘使對方盡早結束談判。比方說，贈送折價券、允許分期付款、提供設備等等。

(10) 以講故事的方式告訴對方，某某人就是因為錯失達成協議的機會，使自己陷入痛苦的境地，從反面說明雙方成交是件很值得的事情，除非屢遭拒絕，否則不要隨便放棄。

(11) 試探和選擇。有時透過試探來了解對方是否已準備結束。如：轉變話題，在價格談得差不多時，轉到發貨時間或其他問題，如果對方正在考慮結束談判，他將對這些問題感興趣。

(12) 最後一次提出價格。當你覺得該結束談判了，怎樣把這個資訊傳達給對方呢？用最後一次提出價格暗示是有效的辦法。

談判進入尾聲，彼此意見接近，談判雙方都會萌生出成交的願望。在這一階段，談判工作的主要目標有三個：一是力求盡快達成協議；二是力保己方已取得的談判成果不致喪失；三是爭取獲得最後的利益。

特別建議：

(1) 談判臨近成交的言行表徵

歷經還價階段的反覆磋商後，在談判成果與自己預測的目標已相當接近的情況下，談判雙方都會程度不同流露出希望結束談判的訊號——這種訊號的顯現，只要用心觀察，就不難從談判者的體態語言中找尋出蛛絲馬跡。

談判者難以掩飾住他內心世界的起伏，源自於談判是一個包含著情感因素的過程，尤其是需要做出一個重大的決定或是花一大筆錢購買商品或技術時，談判者身上承受著巨大的心理壓力。所以，談判者越是感覺到要做的事情很重要，他內心的情感因素就越容易被喚起，其心理反應當然也就越強烈。當談判臨近尾聲，談判者內心裡已決定要接受對方提出的交易條件的時候，在他們身上通常會出現下列表徵：

①興奮度增強，說話的速度加快（性格外向的人）或放慢（性格內向的人）。

②就你的建議或提供的條件本身提出的問題明顯增多，有些是在談判開始時就提出過的問題。

③出現明顯的潤濕嘴唇的動作。有的人會下意識用喝水來掩飾。

④愈來愈小心謹慎，出現了尋求保證的話題。

⑤再次審閱有關資料，提出許多與成交有關的假設問題。

⑥臉紅、手顫、坐立不安等等。

你一旦發現對方出現了上述表徵中的幾種，就應該推想到對方可能已生出了接受你所提出的交易條件，有了與你成交的打算了。這時，你必須趁熱打鐵，進一步打消對方心中殘留的一部分疑惑與猶豫。否則，談判將功虧一簣。

（2）促進交易完成的辦法

①營造親密的氛圍。

②語氣由商量向確定轉變。

③盡量滿足對方的一些小要求。

④不要表現出太興奮的樣子。一旦對方透露出有簽約意願的訊號，眼看自己的努力就要大功告成，缺乏經驗的談判者多半難以掩飾住內心的激動與喜悅，並不知不覺在言談舉止間流露出來，這是異常危險的。因為，當對方下決心成交之後，忽然見你一副眉開眼笑、洋洋得意的樣子，往往就容易對自己做出的決定

產生疑慮，擔心這樁交易是不是決定得太草率而吃了大虧，進而會猶豫起來甚至做出反悔的決定。

⑤促使對方做出最後決定的適當暗示。如果彼此的讓步已經達到極限，無法再有新的進展時，那就是到了該督促對方做最後決定、結束談判的時候了。

⑥談判桌外的努力。進入成交階段，談判雙方在絕大多數議題上已取得了一致意見，只因在某一個或兩個問題上存在分歧、相持不下而影響成交時，可以考慮採取私下交談的策略來解決。

⑦爭取最後的收穫。當談判雙方商議的條件已進入了彼此都可以接納的範圍以後，在談判將近結束、即將簽約之時，精明的談判者往往還會利用這最後一刻的時間，去爭取最後一點收穫。常見的做法是：在簽約之前，他突然漫不經心提出一個請求，要求對方做一點小小的讓步。對於談判者此時提出的這最後一個請求，對方常常都會接受。

⑧強調雙方共同的收穫。談判即將簽約或已經簽約，經過一番努力總算大功告成，談判者的成就感不免油然而生。在這場談判中，己方可能獲得了較多的利益，而對方只得到較少的利益。明智的談判者此時通常是大談雙方的共同收穫，強調「這次談判的成果是我們大家共同努力的結晶，滿足了我們雙方的需要」，並且，還要將對方談判人員的才幹好好稱讚一番。

這樣做的結果，能夠使對方因收穫較少而失去了一些平衡的心理得到安慰和恢復，他們會逐漸由不滿轉為滿足。如果你覺得本次談判的結果是你個人或己方鬥智鬥勇的傑作，只是一味慶賀自己的勝利，為自己的收穫沾沾自喜、喜形於色，甚至將自己在談判中某些「小小的把戲」坦白告訴對方，以炫耀自己高超的談判技巧，譏諷對方的弱智與無能，那麼，你是在自找麻煩。對方會被你的行為所激怒，他們或者乾脆將前面已經談妥的內容通通推倒重來，或者故意提出某一苛刻的要求使得你無法答應而不能簽約，或者即便雙方勉強簽訂了協定，對方在今後的執行過程中也會想方設法予以破壞，以圖報復。

⑨以肯定性的語言結束談判。在成交階段，談判者還必須注意，不能以否定性的語言來結束一次談判。依大多數人的聽覺習慣，身處某一場合中，他對自己所聽到的第一句話與最後一句話，常常能留下很深的印象。在談判中，假如談判者以否定性的話語來結束會談，這會為對方帶來一種不愉快的感受，並且記憶深刻。同時，這也會對今後的談判造成不利影響。所以談判終了時，最好能給予談判對手正面的評價。

不論談判的結果如何，對談判的參與者來說，這都是一次雙方合作的過程。在談判結束時向對方給予的合作表示感謝，既是談判者應有的禮節，對今後的談判也將大有裨益。

⑩用嚴密的協定確保談判的結果。協定是談判者以法律形式對談判結果的記錄和確認，兩者之間應該完全一致。在談判即將簽約之際，談判者必須行動敏捷，主動對談判記錄進行整理、檢查，將雙方口頭上取得一致意見的事項、內容形成文字寫入協定中去。因為口頭應允的東西，如果不寫在書面上或添加到合約條款中是沒有效用的，也就是人們通常所說的「口說無憑，立字為據」。

值得注意的是，有些談判者常常故意在簽訂協定時更改談判的結果，如在數字、日期、關鍵性的概念上做點小動作，甚至推翻當初的承諾和認可。故此，在簽約之前，己方應與對方一起就談判的全部內容、交易條件進行最終的確認，待雙方認可正確無誤後，再以此作為起草協議的主要依據。協定起草完畢，無論雙方談判人員之間以往的關係如何密切，協定簽字時，還應將協定的內容與談判結果再次對照，在確定兩者吻合無誤之後再簽字。一旦簽約，那麼協議就與先前的談判無關，雙方的交易一切以協定為準。

(3) 處理談判破裂的語言策略

儘管談判之初彼此都懷有強烈的成交願望，儘管己方擁有高超的談判技巧，儘管己方做出了全心全意的努力，然而在現實生活中，由於種種的原因，對方仍然有可能不願意與你達成最終的協議。

這時，應該怎麼辦呢？最明智的一種選擇是：既保持住己方的尊嚴，又要顧全對方的臉面，讓談判的大門依舊敞開，為彼此今後可能的合作預留下一條出路。

一次談判未能簽訂協定，並不意味著一切努力都白費了。如果己方能夠使這場破裂的談判在友好、愉快的氣氛中結束，那麼，無疑會為下次再與對方打交道奠定下良好的談判基礎。

第九章
演講的藝術

演講在思維的敏捷性、語言的邏輯性和口頭表達的準確性方面都有極高的要求。只要你掌握了演講的技巧，你也能隨時在大庭廣眾之中散發出自己的光彩。

1．演講前，準備工作要做好

凡事預則立，不預則廢。要想完美施展自己的口才、作好一次演講，事先要做好準備。

（1）挑選適當的主題

合適的主題應該是你印象最深的事情。眾目睽睽之下，唯一能使你感到輕鬆的辦法就是清楚自己要說的是什麼。

挑選聽眾最感興趣的主題並作簡略提示。假如你要說有關改進辦公效率的問題或要把某項計畫介紹給某公司董事會，那你就要強調它所帶來的利潤。如要對某項任務的執行者作演講，就要著重講怎樣才能使他們的工作更為便利。必須懂得，每個聽眾的想法都一樣——從中我能得到什麼。

（2）邏輯組合內容

首先要有一個開頭語，它一般是對你所要談及的問題的簡短敘述；然後是正文部分，它包括你要說明的主要內容；還要有一個結尾，用它來總結你的整個演講。歸納起來就是：預告、正告、總結。此外最好能引用一些常見的典故、名言等作引子說明你所要談及的內容，從而使聽眾易於記住你所說的事，並能跟隨你的思維行程。如果能用幽默故事來開頭，那效果就更好了。美國總統雷根，執政八年，權傾一世。但是他在一次小型討論會上的開頭是這樣的：「有人說我是全世界最有權勢的人，可我一點也不信。白宮有一位官員，每天早晨把一張小紙片放在我的辦公桌上，紙片上寫著每一刻鐘我該做的事情。他才是全世界最有權勢的人。」

(3) 進行單獨預演

把演講內容準備好之後，需要預演。練習最好是自己單獨完成，因為你是要當眾演講，而不是與別人單個討論。練習時還要設想聽眾的各種反應。如果有條件，在你要演講的地點還要作最後一次練習，這樣在你真正演講時就會感到輕鬆坦然。

(4) 列出簡短提綱

演講最忌諱的莫過於手捧稿紙來宣科了，它是不可能自然的。如果需要，可把主要內容的標題間斷寫在小紙條上。演講時對紙條快速的一瞥可以觸發你的思維。要懂得，稿紙寫得越繁雜越無益，稿紙看得越少，你與聽眾就能得到越好的交流。英國首相邱吉爾在一次給大學生的演講中說道：「有人問我，為什麼我的演講引人入勝，現在我可以告訴你們這個祕密了，我每次演講都列一個簡短的提綱，就這麼簡單。」

(5) 養精蓄銳

如果你想使你的個性在演講時發揮透徹，就必須多騰出一些時間來休息，前面已經說過疲憊了的人是沒有引人入勝的魔力的。最要緊的是不要在將要演講的時候才匆忙準備，這是一般人最易犯的錯誤，結果會使你遭遇慘敗，你的腦力也將受到相當的損害。

假使你在下午四點鐘要出席會議，發表重要的談話，最好午後不要再進辦公室。午飯可以回家去吃，吃了躺在床上舒舒服服睡一覺。這樣，體力、腦力、精神三方面同時休息，對你十分有益。

(6) 注意穿著

美國心理學家兼大學校長約翰先生，曾經徵求許多人回答「對於你自己所著服裝的感想如何？」結果是大家異口同聲說，他們穿得十分整潔漂亮的時候，便會覺得身上似乎多了一種力量，這種力量雖然很難解釋，但是很明確：它使他們增強了自信力，提高了自尊心。他們自稱在外表上裝扮得好像很成功，心理上更容易想到成功，而且真的得到了成功。這就是服裝對於穿著者所產生的效果。

既然服裝對演講者有上述效果，對聽眾又怎麼樣呢？如果一位演講家穿了一條像布袋一樣的褲子，不像樣的衣服口袋外露著鋼筆或是鉛筆，外衣袋裡塞滿了新聞紙、煙斗等，聽眾便會對他失去不少尊敬心，因為聽眾會以為他的腦子與他那不梳理的頭髮和不整潔的衣服一樣。

一個演講者要想使自己的演講富有吸引力和感染力，達到良好的效果，演講前必須做好各項準備。

2. 演講要把握住聽眾的心理

兵法上言:「心戰為上，兵戰為下」，意思是攻心才是真正的上策。講演亦猶如用兵，也要注重心理戰術。

第二次世界大戰時，邱吉爾於一九四一年的耶誕節前夕到達美國，希望能說服美國和英國聯盟，立即對德宣戰，以扭轉英國當時所面臨的危機。因此，邱吉爾向美國人民發表了一次演講，以說服美國人民支持政府對德宣戰。可是，由於不少美國人對英國人沒有好感，反對美國介入英德戰爭，因此邱吉爾的說服任務頗具困難。然而，邱吉爾不愧是著名的講演家，他在進行說服溝通時，十分注意攻心技巧的運用，除了用情感來打動美國人民的心外，還化解了對立的情緒，使美國人民願意請美國政府援助英國對德作戰。

邱吉爾在發表演說時說道：

「我遠離祖國，遠離家園，到這裡度過一年一度的佳節，但我並不覺得寂寞孤獨。或許是因為我母親的血緣關係，或許是因為我在這裡得到了許多的友誼，以至於我根本不覺得自己是個外來者。」

「由於我們的人民和你們說著同樣的語言，有著同樣的宗教信仰，追求著同樣的理想，因此我感受到的是一種和諧、親密無間的氣氛。而今晚的此時此刻，在一片戰爭的混亂中，每一顆寬容無私的心靈都應得到靈魂的平安。因此，至少讓我們在今晚能把困擾我們的各種擔心和危險擱置一邊，在這充滿風暴的世界中，為我們的孩子準備一個幸福的夜晚。那麼，今晚的此時此刻，我們希望使用英語交談的每個家庭，都像是一個有陽光普照、既幸福又和平的小島。」

邱吉爾從兩國人民之間共同的語言、宗教信仰、理想及長期的友誼切入，並將這些共同點作為彼此相信、相互了解的基礎，直到引出希望使用英語交談的家庭，都應過著一個平安祥和的耶誕節的話語，打動了無數美國人的心，使得他們改變反戰立場，轉而與英國結盟。

對於演講家來說，聽眾是上帝。因此在準備演講之前，必須先讀懂聽眾，要讀懂你的聽眾，應做到以下幾點：

第一，了解聽眾的心理。

聽眾的心理因人而異，十分複雜，既然要演講，當然得先了解聽眾的心理，投其所好，才能吸引聽眾的注意力。

了解聽眾的心理有幾項訣竅。首先，我們必先認清一個事實，即演講的成功與否，操縱權在聽眾手上。如何說話固然很重要，但在說話之前，一定要先考慮到聽眾的問題。俗話說得好，世界上十個人就有十種樣子，彼此長相不同，傾聽的方式也有差異。而且，即使是同一個人，也會因時間與情況的不同，而產生不同的情緒。

有些人忽視聽眾的存在，有意把自己所想要說的話，好好傾吐出來，但這樣卻很難收到演講的效果，因為聽不聽演講的內容，聽眾自己掌握最大的自主權。例如，對小孩子說故事時，要讓孩子們了解說謊是不好的行為，最好舉「狼來了」這一則著名童話故事。

「那個牧羊童罪有應得！」

「村民們如果再來一次就好了，牧羊人也不會被狼吃掉！」

「牧童太笨了，真正遇到狼時，不會改喊『失火了』嗎？」

不同的孩子聽完這個故事之後，反應各不相同。說話者總以為對方會依照自己的想像，傾聽自己的每一句話，並產生預期的反應。事實上，傾聽與否的決定權掌握於聽眾，因此，對方是否願意接受演講的內容，就要看該內容是否符合聽眾的口味了。這一點是非常重要的。

第二，了解聽眾的層次。

要使演講獲得聽眾的共鳴，就要使你的演講貼近聽眾，與聽眾有關，與聽眾的興趣有關，而不同層次的聽眾，他們的需求和興趣自然是不同的。

聽眾的組成分子，包括年齡、性別、職業、社會地位或政治立場等等。組成分子不同，聽講的態度與方式也會有所差異。對一群年輕人談「養生之道」和對老年人談「兩性交往須知」，效果如何，可想而知；對一群研究生談「家庭主婦如何利用閒暇做零工」，現場聽眾的反應如何，已不言而喻。

人們對於事物的看法，會由於年齡、性別、教育程度等不同，而呈現出極大的差距，因為大家的價值觀不同，所以會影響彼此聽話的態度，這一點是演講者必須考慮的。

大家都知道每個人的立場或職業不同，會對事物產生不同的看法和異樣的感受。演講之前我們一定不能忘記分析聽眾的組成分子，例如聽眾的年齡狀況、男女比例，或以何種職業居多。分析這些資料後，找尋共同點，然後有針對性的準備好演講素材，演講才能很動人。

演講的目的無非是打動聽眾，使聽眾產生共鳴，如果演講的內容聽眾不感興趣，就不能達到預期的效果。因此，我們需要事先明白聽眾的需求。

3．說好開場白，成功一半

俗話說：「萬事開頭難」，演講的開頭也一樣。所以，當你登上演講台之前，一定要給演講一個響亮的開頭，而接下來的成功自然是水到渠成。

那麼，到底怎樣說，才能在演說一開始的時候就能引起聽眾的強烈好感呢？下面幾點值得參考：

（1）要用發生過的事件或實際例子進行演說

著名的製片人、演說家羅威爾 · 湯姆斯在「阿拉伯的勞倫斯」演說中，一開始是這樣說的：「有一天，我正走在耶路撒冷城的基督街上時，我遇到了一個酷似東方人打扮的人，他穿著華麗的長袍，從外表看去好像很有財勢，在他的右肩上，還斜背著一把只有穆罕穆德的後裔才可佩帶的雕金長劍……」

他就這樣，根據他親身經歷的事件展開了他的演說。像以此做開場白的演說，一般情況下是不會失敗的，聽眾也不會感到厭煩，而且隨著演說者的講述，聽眾的心情也會出現高低不平的起伏，一般聽眾會由於你演說的強烈吸引力而完全陶醉其中。這樣，聽眾便很想知道到底發生了什麼事。運用這種實例的方式來演說，最能發揮吸引別人的力量。

（2）製造緊張的氣氛

在費城寫作及體育俱樂部，鮑爾 · 希利發表過這樣的演說：「一九八二年，在英國倫敦曾發行過一本小說，後來它成為世界聞名的不朽之作，被譽為是『世界上最偉大的一本小說』。小說最初出版的時候。在街上碰到朋友或是集會場合，大家都會互相詢問是否看過這本書，而答案也幾乎都是『看過』。這本書發行的當天就銷售了一千本，不到一週就銷售了一萬兩千本，以後又再版多次，並被翻譯成多國文學，在世界各地流傳。幾年前，JP· 摩根不惜鉅款購進了這本書的原稿，珍寶般收藏起來，陳列在博物館中。你們知道這本書的書名嗎？這本舉世聞名的書就是……」

這樣的演說一定能引起聽眾的好奇心，會使聽眾從內心深處產生期待感。

好奇心——沒有人能夠不被自己的好奇心所驅使，我們都曾因為自己的好奇心而動搖。你渴望知道這本書的名字和作者嗎？為了滿足你的好奇心，我來回答這個問題，這本書的作者是查爾斯 · 狄更斯，書名為《小氣財神》。

製造緊張的氣氛是引起聽眾興趣的最有效的方法。下面是以《不要猶豫——悠閒生活的祕訣》為題，所做的製造緊張氣氛的演說實例。

演說是這樣開始的：「一八七一年春天，當時還很年輕，而後來卻成為聞名世界的物理學家威廉 · 奧斯拉，拿起一本書，看到了一段對他來說產生巨大影響的文章，這段文章只由短短的二十一個字組成。這二十一個字到底是什麼呢？日後給他帶來什麼樣的影響呢？各位聽眾一定很想知道這個問題的答案，現在，我就告訴你……」

(3) 要用富有衝擊性的事實

在《讀者文摘》上曾有過這樣一篇文章，題目是《我如何尋找我伴侶》。此文一開篇就使用了令人驚訝、緊張和扣人心弦的事實：「現在年輕的一代，是否能夠透過結婚而過上幸福的生活呢？事實是令人擔心的，我們的離婚率現在正以驚人的速度持續上升。一九四〇年，五六對夫婦中，有一對在婚姻生活中觸礁。到了一九四六年，平均每四對夫婦中，就有一對無法繼續維持婚姻。如果按照這個趨勢發展下去，五十年以後：離婚率就會上升到百分之五十……」

再舉兩個很富衝擊性的實例加以說明：「如果現在爆發核戰爭，一夜之間，會有兩千萬以上的美國人死亡，這個資料是由陸軍司令部發布的……」

「數年前，西普斯 · 霍華的報業，投資十七萬美元，對零售商進行了一次科學性的消費者調查。調查組為查清消費者對零售商的不滿，向十個城市，五萬四千零四十七個家庭發出了調查問卷。問卷中問題之一是：『你對零售商最大的不滿是什麼？』所有的回答均是：『店員沒有禮貌』。」

這就是你和聽眾接觸的最有效，最迅速的方法，精選引起聽眾注意的開場白。

在華盛頓開設的課程中，有一位名叫梅克雪兒的女孩成功運用了這種方法，她是這樣開場的：「十年來，我一直是個囚犯，不是被關在監牢中的囚犯，而是封閉自己心靈的囚犯。我用自卑感築起一道圍牆，生怕受到別人的批判，我把自己緊緊關在那個只屬於我的孤獨的世界中，不容任何人侵入……」

聽到這裡，你一定想進一步知道事情的原因吧！這正是演說者成功的地方。

能夠引起聽眾興趣的有效方法是：省略前言，直接進入談話的核心。

法蘭克 · 貝格十分擅長這種方法。有一次，在講述他所熱衷的主題時，他是這樣開場的：「在我被選為職業棒球選手後不久，發生了一件使我的人生產生了重大變化的事……」他的開場白立刻就引起聽眾很大的反應。幾乎所有的聽眾都想知道他究竟受到了什麼樣的衝擊，為什麼會發生這樣的事？他是如何應付的？

(4) 激發聽眾的參與感

激發聽眾參與感的簡便方法就是：向聽眾提出問題，請聽眾舉手問答。比如，他在做「如何預防疲勞」的演說時是這樣展開談話的：「我要請當場的各位，舉手回答我的問題。覺得自己比想像中更容易疲勞的人請舉手。」

應該注意的是，你請聽眾舉手回答問題時，要預先告訴他們。如果你這樣說：「認為應該降低所得稅的人有多少……」恐怕聽眾不會有什麼反應。你應該明確告訴聽眾，讓聽眾對你所提出的問題有個心理準備，並且知道用什麼方式來表示他的意見，你可以用這樣的方式來處理：「現在，我想請問各位一些具有重大意義的問題，希望大家能舉手回答。我的問題是……

要求聽眾舉手回答，可以引起聽眾對你演說內容的關心，同時激發聽眾的參與感。這是一種十分重要的演說技巧，它能使你的演說由單向交流變為雙向交流。像「認為自己比想像之中更容易疲勞的人，請舉手」這樣的問題，會引起聽眾對自身的關心。他們會忘記了自己是在聽演說，也許他一邊舉手，一邊看看身旁的人是否也在舉手，這樣他們或者相視而笑，或者點頭示意。彼此陌生關係傾刻間就解除了，聽眾會為演說者提供一個輕鬆愉快的環境，在這種情況下，你的演說是很容易被接受的。

(5) 告訴聽眾你在為他們做事

你在一開始就對聽眾說，你下面所講的事，就是聽眾急切想知道的。這也是一種引起聽眾好奇心的有效方法，比如：「我現在提供各位『如何消除疲勞』的方法，那就是一天增加一小時的清醒時間……」

「如果各位能聽我講十分鐘，我將告訴你們目前風靡一時，備受歡迎的演說方法……」

這種與聽眾直接發生利害關係的開場白一定能引起聽眾的關心。可許多演說者卻不善於這樣做，他們往往說了一大堆主題的由來，為了讓聽眾了解這個主題，又加了許多的注腳，這樣做的結果只能讓聽眾慢慢分散注意力，而絕不會向你敞開心扉。

有位演說者對這一點似乎從沒有留意過，在談到有關定期健康檢查必要性的演說中，他一開始就以平淡的語氣，敘述了許多絲毫不能引起聽眾注意的事。慢慢的聽眾就對他的演說失去了興趣。如果他換成下面這種方式，情況會怎樣呢？

「你們知道自己還能活多久嗎？保險公司曾參考數千萬人的平均壽命，來預料人的壽命究竟有多長。根據他們所總結的公式，用八十歲減去你現在年齡的話，所得的餘數就是你還可以生存的年數……可你是否為能活到這歲數而心滿意足呢？我相信在座的大部分聽眾都希望自己能長命百歲。於是，就有人希望能找出這個公式的錯誤，希望經過統計專家算出的剩餘歲數，更改並加以延長的可能，可如何做呢？也就是說，如何才能長命百歲呢？現在我就來告訴大家……」

以這樣為開場白的演說，一定能夠很快吸引聽眾，因為演說者不僅在敘述與人生有關的事，同時，在演說中還告訴你，他的演說會為你帶來某種利益，會告訴你想知道的事，他是在為你做事，而這些對你的人生有很大益處。

所以，在你選取有吸引力的開場白時應該記住的要點是；避免敘述與聽眾無關的事。盡量從聽眾的利益入手展開演說。

（6）使用道具

使用道具是引起聽眾注意的最簡單方式。它能夠引導聽眾進入你的演說。一位名叫艾里斯的學員曾在一次演說訓練中採用了這個方法。他用食指和拇指拿著一個像硬幣一樣的圓形牌子，立即引起了全體學員的好奇與注意，艾里斯問：「在座的各位聽眾有誰在人行道上撿到過這種牌子？牌子上寫的是：免費提供不動產開發計畫的一部分土地給揀到這個牌子的人。牌子上面附有電話號碼，撿到牌子的人，只要把牌子送給對方，就馬上生效。」

接著，這位學員就利用這張牌子批評了不動產開發計畫容易使人誤會的做法。

聽眾的心是完全可以打動的，就要看你如何用戰術進行演說的開場白。上述的六點提示就是你在演說開場中應該切記的法則。你可以分開使用，也可以加以組合，總之，你要把聽眾吸引住，能否成功，這完全在於你。

4. 用幽默活躍演講氣氛

演講者若是居高臨下板著面孔講，與聽眾的感情就難以溝通，反之，能在演講中來點幽默，一下子就能縮短與聽眾之間的距離。

新學期伊始，某大學的生物系舉辦迎新晚會，作為系主任的著名植物分類學教授一上台就說：「生物學，過去大家都認為是採採標本，捕捕蝴蝶什麼的。」兩句話，惹得大家都笑起來，氣氛一下子活躍起來。

由此可以看出，氣氛緊張時與聽眾是很難得到良好的溝通的，適當施加幽默便可解除緊張。

在演講中，適當的幽默能幫你處理那些困難的話題。演講的題材廣泛，有時你想表達的資訊是別人不願意聽到的，可能會令人感到痛苦，或者需要聽眾作出較大的犧牲，或者要他們面對某些殘酷的人生處境。這時，快人快語是不合時宜的，委婉一點，運用你幽默的力量，反而會使聽眾免於受到痛苦情緒的威脅，解除他們對禁忌話題所產生的不安與恐懼。

美國哲學家梭羅臨終的時候，他的一個姑母在病榻前問他：「你和上帝之間已經達成和平了嗎？」

梭羅回答說：「我倒不知道我們之間吵過架。」

顯然，幽默可以沖掉由於陌生、嚴肅、沉重而存在的淡淡的哀傷情緒，使場面變得親切融洽而輕鬆隨意。

幽默還可以幫演講者更好表達觀點、抒發感情。

名作家吉卜林在向英國一個政治團體發表演講時，講了下面的笑話，引起全場捧腹大笑：

「我年輕時，曾在印度當記者，專門替一家報社報導犯罪新聞。這是很有趣的一項工作，因為它使我認識了一些騙子、拐騙公款者、謀殺犯以及一些極有進取精神的正人君子。（聽眾大笑）有時候，我在報導了他們被審的經過後，會去監獄看看這些正在服刑的老朋友們。（聽眾大笑）我記得有一個人，因為謀殺而被判無期徒刑。他是位聰明、說話溫和有條理的傢伙，他把他自稱的『生活教訓』告訴我。他說：『以我本人做例子，一個人一旦做了不誠實的事，就難以自拔，一件接一件不誠實的事一直做下去。直到最後，他會發現，他必須把某人除掉，才能使自己恢復正直。』（聽眾大笑）哈，目前的內閣正是這種情況。（聽眾歡呼）」

吉卜林沒有信口晾晒記憶中的舊聞舊事，而是玩笑性圍繞準備進入的政治話題渲染了一些近乎怪誕的趣事，從而建立起自己的溝通點。

幽默的言語中充滿了令人愉快的智慧，它對於「集體接受」的演講聽眾具有特別的意義。你如果已經嫺熟掌握了幽默技巧，在演講中插入一些妙趣橫生的內容，往往比振振有詞更能牽動聽眾的心弦。往往是那些含蓄、風趣的材料和語言，寓莊於諧，使人在會心一笑的同時，體會到高尚的情趣和深刻的道理。因而演講高手從來不忽略幽默，反而總是以笑聲來調節台下聽眾的情緒，激發他們回味無窮的遐思。

幽默的語言可以營造輕鬆愉快的氣氛，能緩解交際中的緊張情緒，激發人們的想像力，增進人們的感情。在良好的氛圍下，人們更容易被理解、被尊重，也更容易獲得支持和關注。反之，沉悶抑鬱的環境，很容易滋生猜忌和隔閡。

5·短小精悍的演說最耐人尋味

一七九三年，美國開國總統華盛頓的就職演說只有一百三十五個字，林肯著名的蓋茲堡演說只有十個句子。

他們的演說重點突出、一氣呵成。從這裡我們可以看出華盛頓、林肯駕馭語言能力的非凡之處。

尤其是林肯的演說詞僅僅用了六百餘字，而且他從上台到下台的時間還不到三分鐘，但是卻贏得了一萬五千名聽眾經久不息的掌聲，在當時這次演講一下子就轟動了全國。

當時報紙評論者說：「像這樣篇幅短小精悍的演說真是一種無價之寶，感情深厚，思想集中，措辭精練，而且字字句句都寫得很樸實、優雅，行文又很完美，完全出乎忽人們的意料。」

所以，他的手稿被收藏於國會圖書館之中，他的演說辭也被鑄成了金文，放在牛津大學，還把它作為英語演說的一個最經典的範例。

一九八四年，新當選的法國總理洛朗 · 法比尤斯發表就職演說，則更是短得出奇，有人這樣描述道：「還沒等人們醒悟過來，新總理已轉身回辦公室去了。」

他的演說詞中只有這樣的兩句：「新政府的任務是國家現代化，團結法國人民。為此要求大家保持平靜的心態，拿出最大的決心。謝謝大家。」這篇演講言辭委婉，內容精練。真可謂是「獨具心裁。」

在歷史上還有美國萊特兄弟的「一句話演說」，這個演講也一直為人叫絕。

當他成功駕馭動力飛機飛上藍天之後，在歡迎酒會上人們再三邀請哥哥威爾伯進行一次演說，他即興說了一句：「據我們所知，鳥類中會說話的只有鸚鵡，而鸚鵡是飛不高的。」這句哲理深刻的演說，博得了當時所有人的掌聲。

從上面的事例中可以看出，會議或者是演講並不在於時間的長短，相反的，越是短小精悍的會議或者演講越具有藝術魅力的，而且它的效果也是很好的。

有一個生理學家透過多次的實驗研究發現，大多數的人在聽報告或者是講演的時候，精力集中的時間長度大多是三十分鐘左右，而且最佳的狀態也只有前十五分鐘，並且時間的長度還和年齡和健康狀況有關，身體強壯的青壯年保持這個時間會稍長一些，但是老幼體弱的人則要相對的短一些。

所以，在講話的時候，有效的會議時間要能夠控制在三十分鐘以內，時間不要太長。

如果我們要做到上面所講的短小精悍的演說的話，那麼首先就要求我們的演講者做到忍痛割愛，做到大刀闊斧刪除你講稿中那些廢言贅句，也就是把「臃腫」的演講稿進行「抽脂減肥」，還要使講稿的主題鮮明、重點突出而且要言簡意賅，還要最大限度提高講稿的語言和文字的訊息量。

當今社會，人們的生活節奏在不斷增快，人們都不喜歡那些穿靴戴帽，繁雜冗長、繁文縟節的空話或者客套話。演說要能夠達到簡潔、明快，就要做到千錘百煉，從而才能使你的詞彙更加豐富、而且思路也更清晰。

6. 用「情」演講最動人心

真情實感是連接演講者和聽眾心靈的紐帶。好的演講是用真情實感來打動聽眾之心。如果在演講時能將人的豐富情感真實表達出來，那麼聽眾一定會受到感染，產生共鳴，從而達到理想的藝術效果。

一次，余秋雨先生在四川大學作演講，述及他的一位上海音樂學院的朋友之死的情景，他深情講道：他的兩個學生正在國外，聽說老師病危，中止合約，飛回上海，為老師臨終演出。那一天有許多上海人，正如我曾多次寫過的一樣，都激動起來、崇高起來，好多不懂音樂的人也買票去聽。小學生們的家長對記者說：「帶他們來，是為了讓他們明白什麼叫音樂，什麼叫老師……幾天後，這位教授死了，附近花店的花一售而空。病房裡堆滿了鮮花，樓梯上一層一層疊滿了鮮花……」

這發生在現實生活中感人的一幕，使聽眾分明感受到，那曾經在上海的幾分悲愴和崇高的氣氛，此刻就彌漫在演講會場。聽眾的靈魂在演講者動情的講述中得到了淨化和昇華，產生了強烈的心理共振。

感人心者莫先呼情。唯有熾熱的情感，才會使「快者掀髯，憤者扼腕，悲者掩泣，羨者色飛」。演說如果感情不真切，是逃不過成百上千聽眾的眼睛的。

十八世紀中葉，北美殖民地的人民爭取自由獨立的呼聲越來越高。但是，當時美國一些資產階級的領導人卻主張與英國妥協，致使英國殖民者更加倡狂，甚至調集大批軍艦，企圖用武力鎮壓北美人民的反抗。就在這決定美國前途命運的緊要關頭，著名的政治家派屈克 · 亨利，於一七七五年三月二十三日在維吉尼亞州議會上勇敢站了出來，他堅決反對妥協，號召人民用武力反抗英國殖民者。

亨利是一位具有豐富經驗的論辯家，他知道自己所面對的不僅僅是幾個聲嘶力竭、高喊和平與妥協的人，還有廣大的聽眾，他們之中有不少人也為妥協派的「和平」叫喊所迷惑，在一定程度上同情和支持妥協派的觀點，因而要取得論辯的勝利，關鍵是爭取聽眾與自己的感情共鳴。

聽過幾位妥協主義者發言之後，亨利沒有針鋒相對痛斥妥協投降主義，反而稱讚了他們的「才幹和愛國之心」，他心平氣和提及「國家正處在興敗存亡之際，而各人有各人的見解」，自己的發言並不是「對先生們不恭」，「我們的論辯應該允許各抒己見，只有這樣，我們才有希望得到真理，才可能對上帝和祖國盡神聖的職責。」他的這種手法，實際上是先動之以情，緩解對方和聽眾對自己的反抗情緒。但是亨利深深明白，光靠感情訴求是不能夠使武裝反抗的口號和方針成為群眾的自覺行動，它還需要說理的配合，還要以充分的論據，說明英國殖民者的目的，駁斥投降派的論調。下面是亨利把強烈的感情和嚴密的邏輯互相配合、交替使用的一次有名的論辯：

「我只有一盞指明燈，那就是經驗之燈。除了以往的經驗之外，我不知道還有什麼更好的辦法來判斷未來。既然要以過去的經驗為依據，我倒希望知道，十年來英國政府的所作所為中有哪一點足以證明各位先生用以安慰自己及各位代表的和平希望呢？難道就是最近我們請願時所露出的和善微笑嗎？不要相信它，各位先生，那是在你們腳下挖的陷阱。不要讓人家的親吻把你們給出賣了。請諸位自問，接受我們請願時的和善微笑與如此大規模的海陸戰爭準備是否相稱。難道艦艇和軍隊是對我們的愛護和對戰爭調停的必要手段嗎？……我要向主張和解的先生們請教，這些戰爭的部署意味著什麼？如果說其目的不在於迫使我們屈服，那麼有哪位先生能指出其動機何在呢？在我們這塊土地上，還有哪些對手值得大不列顛徵集如此規模的海陸軍隊？不！各位先生，沒有其他對手了。一切都是針對我們來的。」

「有人說我們的力量太單薄了，不能與如此強大的敵人抗衡。但是，我們何時才能強大起來呢？是下週？還是明年？還是等到我們完全被繳械，家家戶戶都駐紮著英國兵的時候？難道我們就這樣高枕無憂，緊抱著虛無縹緲的和平幻想不放，直到敵人把我們的手腳都束縛起來的時候，才能獲得有效的防禦手段嗎？」

在態度嚴峻、言辭激烈的說理之後，亨利更加運用豐富的感情，增強自己論辯的感人力量。他越說越激動，最後發出震撼人心、動人心弦的呼喊，把已經煽動起來的聽眾情緒一下子推向了高潮：

「那些先生們也許要大聲疾呼和平的重要，高喊要和平，但我們已無和平可言，戰爭已經開始！我們的同胞已走上戰場！我們怎能袖手旁觀？大家還在期待什麼？結果又將如何？難道生命這般珍貴，和平如此誘人，以至於不惜以戴銬為奴的代價來換取？萬能的上帝啊！制止這種妥協吧！我不知道別人將如何行事，但對於我來說，不自由，毋寧死！」

在這裡，亨利十分注意情中寓理，他透過分析說理巧妙表明了自己的立場和觀點，也贏得了群眾的信任，亨利的論辯最終取得了完全的勝利，最終美國人民在亨利的鼓舞下進行了勇敢的戰鬥，贏得了國家的獨立。

因此，在演說中，唯有真誠的情感，才能產生巨大的影響，才能喚起群眾的熱誠，才有震撼人心的力量。

美國有個小說家說得好：「熱情是每個藝術家的祕訣，而每位演說家都應當是一位藝術家。這是一個公開的祕訣。這如同英雄的本領一樣，是不能用假武器去冒充的。」情不深，則無以驚心動魄，無以得到別人贊同。

有位大學生發表演說時有這樣一段話：「在生活中有稜角的人常常遭人非議。而我認為，一個不被爭議的人，是個近乎平庸的人。世界在非議中被認識，真理在非議中被確立。一個真正成就事業的人，往往由於被激烈爭議，反而更強烈閃耀出心靈的光輝！」這段談論受主觀感情的支配，不需要交待論據，也不需要論證，它在抒情中洋溢著演說者或悲或喜、或憎或愛的情感，流露出演說者的思想，因而獲得了人們熱烈的掌聲。

真情實感是演講的靈魂，為了表達自己的感情，演講者必須借用一定的形式，否則感情的表達就不暢快，效果也不會很好。

7・懂些演講的藝術手法

要掌握正確的演講口才培訓方法，必須尋求科學的訓練途徑。有了這些，再加上刻苦的實踐，就能盡快提高演講口才的能力。以下是培訓演講口才的簡單方法：

（1）幽默生動，耐人尋味

幽默的含義是有趣或可笑而又意味深長。如果只有前者，即只是有趣或可笑，而並無深刻的含義，則不是幽默，只能稱作滑稽或噱頭。幽默作為一種最生動的表現手法，也大量用於演講中。

有許多人常在演講開始時使用幽默，藉以打破沉悶的局面，縮小講演者和聽眾的距離。

幽默不僅在一般演講場合中得到廣泛應用，而且在政治場合也開始廣泛使用。據說美國總統林肯枕邊經常放著一本笑話集，他能熟練把幽默恰如其分應用到自己的演講中去。

約翰 ・ 梅傑一九九〇年十一月成為英國的新首相。他最大的特點是平易近人，廣開言路，遇事鎮定自若，這些後來被人們譽為「梅傑風格」。早在一九七九年梅傑在牛津哈丁頓選區，他首先當選議會下院議員，在競選中有一位農場主當面批評他對農業知之甚少。面對窘境，梅傑並不生氣，大聲對選民講話：「這位先生說得好，我不知道牛頭，也不知道牛尾；不過您投我的票，我將在二十四小時內成為一個養牛專家。」幽默的語言使他擺脫了窘境，贏得了選民的稱讚。

莎士比亞說：「幽默和風趣是智慧的體現。」

健全的、熱情的、具有人情味的智慧就是最好的幽默，這種幽默的正確使用，會使我們的演講魅力無窮。

(2) 哲言警句增添光彩

人們對具有啟迪睿智和含有深刻哲理的語言，稱為哲言警句。它是人們對待事物和認識人生的總結，它比一般的道理更深刻、更凝煉，更富有啟迪。

例如：胡適的《畢業贈言》有這樣一段：

「諸位，十一萬頁書可以使你成為一個學者了。可是，每天看三種小報也得費你一小時的工夫，四圈麻將也得費你一小時的光陰。看小報呢？還是努力做一個學者呢？全靠你自己的選擇！易卜生說：『你的最大責任是把你這塊材料鑄成成品。』學問便是鑄器的工具。拋棄了學問便是毀了你自己。再會了！你們母校眼睜睜要看你們十年之後成什麼器。」

引用哲言警句要注意以下幾點：盡量引用原文，不要以訛傳訛；要全面領會原文，不要斷章取義；要反覆證明原作者，不要張冠李戴。

(3) 故事穿插、喜聞樂見

穿插法，是指演講者為了更好闡述自己的觀點和主張，在演講中穿插一些故事、笑語、趣聞、詩詞、歌曲等的方法。這種方法能活躍氣氛、激發聽眾情緒，能使理論深入淺出，給聽眾留下深刻的印象。

演講者使用穿插法，其作用除了使事理更為形象、深刻外，還能調整現場的氣氛，增加聽眾的興趣，從而獲取最佳的演講效果。

(4) 情深意切，催人淚下

抒情法就是演講者在演講中，以抒發自己的感情來引起聽眾共鳴的方法。演講中，善於並巧妙運用情感，使聽眾不僅曉之以理，而且動之以情，從而增強演講的感染力，激勵聽眾投入行動。

作為演講口才培訓方法之一的抒情法，一般可分為直接抒情和間接抒情兩種。

直接抒情，它是強烈的、集中的、鮮明的，沒有隱諱，直抒胸臆，風格明快。

間接抒情則是把情感融於記敘、描寫、議論之中，讓聽眾慢慢咀嚼演講者的情感。

（5）製造懸念，刺激聽眾

懸念法是指演講者在演講中有意提出問題，設置疑問，引而不發，以激發聽眾的好奇心和求知欲的藝術手法。

懸念法經常用在演講的開頭，以引起聽眾好奇，吸引聽眾注意，促使聽眾積極思考。

設置懸念的方法很多，我們必須精心選擇既能扣住演講主題，又能激發聽眾的好奇心和求知欲的話題，作為懸念法的依託，充分發揮懸念在演講中的應有作用。

8 · 讓演講的結尾更圓滿

戴爾 · 卡內基說：「當聽眾聽到最愉快的頂點，你就應該設法早些結束了。」

演講既要「鳳頭也要豹尾」，演說的結尾如同演說的開端，都是演說中的最關鍵處。看一個演說者，是無經驗，還是顯得老練？是敏捷，還是笨拙？往往只看其演說首尾兩端就可以判斷清楚。

那麼，怎麼避免這種不圓滿的結局呢？那就要事先預備好結束語。歷代極成功的演說家如卡內基、孫中山先生等人，都覺得應當把演說的結束語寫下來，並記清那些字句。初次演說的人更應如此。他應該很清楚寫下用怎樣的詞句做結束，並在演說前把結束語溫習數遍。在每次溫習時，措詞可不必雷同，只要意思達到了就可以了。

怎樣預備結束語使演說圓滿結束，有以下幾個方案：

(1) 歸納法

演說者即使在三五分鐘之內，也常常能講許多內容，涉及好些事情。他演說結束了，到底主要講了幾個問題，聽眾還是模糊不清，抓不住要領。不少演說者以為，他該講的都講了，聽眾應該把說的要點都印在腦子裡，和自己一樣明白。實際不然。因為，演說者對自己所要說的話，思量過多少遍，而聽眾，在聽講前，完全是陌生的，演說者不明確把要點揭示出來，他們一時間如何會和演說者一樣清楚呢？因此，要想讓聽眾徹底明白自己到底講了些什麼，在演講結尾的時候做適當的歸納總結，是非常有必要的。

卡內基曾為演說詞結構擬定一個格式：開端——告訴聽眾你將要談什麼問題；中間——詳細談這些問題；結尾——把所談的問題簡明

的概括一下，做個總結。

（2）**鼓勵法**

在某些演說中，可以用熱情洋溢的話，稱頌聽眾，提出希望，作為結尾。

雷根在《世界的希望，就寄託在這種友誼上》的演講中是這樣結尾的：

青年朋友們，歷史是一條長河，它用波浪裹挾著我們。但是我們可以駕船航行，選擇方向，同舟共濟。風高潮急，一次富有成果的長途航行的機會正在掌握著我們。我們已經作出了選擇，我們將繼續我們新的旅程，但願我們一路順風，永遠生活在友誼和平之中。

（3）**幽默法**

在演講開始的時候來一點幽默，能令聽眾輕鬆愉快，注意力集中，並且對你產生好感。如果在結束演講時也能來一點幽默，必定能昇華你的演講，給觀眾留下深刻的印象。因而，當你要說再見的時候，最好能使人們笑。假如你有能力這樣做，並且有材料，那好極了！但是怎麼做呢？每個人都應當按自己特有的方式去做。

（4）**引用法**

詩文名句是現實的智慧的結晶，言簡意賅卻內容豐富、寓意深刻。如果你能用適當的詩文名句來結尾，這樣既可使演說優美、動聽，又可獲得所希望的氣氛。

有一位商務演說大會代表的演說是如此結尾的：「當你們回家之後，有些人會寄一張明信片來給我，就是你們不寄給我，我也要寄給你們每位一張，而且你們會很容易知道是我寄的，因為上面未貼郵票（眾笑）。在上面，我要寫一些字，是這樣寫著的：『季節自己來，季節又自己去。』你知道，世間一切都依時而凋謝。但有一件卻永遠像露水一般綻放鮮豔。那就是我對你們的思念和熱愛。」

這段詩正適合他全篇演說的旨意，因此這段詩就用得非常恰當。

(5) 降升法

降升法是結束演說最普遍的方法。不過這種方法不易運用，也不是對所有的演說，一切的題材都可應用的。但若能用得適當，將非常有聲勢。這種方法是一層高一層，一句比一句有力量。林肯在以尼亞加拉瀑布為題材的那篇演說中，就是用降升法。他以哥倫布、耶穌、摩西、亞當等的年代，與尼亞加拉瀑布一一相比，且一個比一個有力量。

(6) 情感法

充滿感情的結束，最能打動聽眾的心，是一種非常完美的結尾。

林肯第二次就職演說的結尾就非常美妙、優美、感情充沛，扣人心弦。

「我們熱烈希望，誠懇祈求，這大戰的禍患能夠迅速完結，不過假如上帝的旨意仍然要它繼續下去，直到奴隸們兩百五十年來辛苦積下的財產都化為烏有，並直到已受過鞭打的血肉挨一次刀槍的傷殘，那麼我們依然應當說：『上帝的審判完全是真實的，公允的。』對任何人不要怨恨，對所有的人都以慈愛：讓我們遵照上帝的旨意，堅決主持正義，讓我們繼續努力完成我們的工作，收拾我們殘破的國家，去紀念戰死的烈士和他的孤兒寡婦——去做一切可達成我們彼此之間及各國之間永久和平的工作。」

(7) 見好法

現代生活的快節奏，要求演說者的演說要簡短有力，而不是洋洋灑灑，沒完沒了，如果那樣，只會招來聽眾的反感。

文章應該精，而不宜長，如耶穌所講過最偉大的演說「山上寶訓」

在五分鐘內就可誦畢，林肯的蓋茲堡演說只有十句話；這些都是簡潔的典範，我們演說也應如此，冗長的演說是不會受歡迎的。

總之，演說若能以生動活潑的語句結束，將會使全篇演說更充滿生動感，讓人感到骨肉血液奔騰沸流，情感高亢。

國家圖書館出版品預行編目（CIP）資料

精準避雷：職場 x 社交 x 生活必備說話術 / 劉惠丞，才永發著．
-- 第一版．-- 臺北市：崧燁文化，2020.07
面；　公分
POD 版

ISBN 978-986-516-418-8(平裝)

1. 說話藝術 2. 溝通技巧

192.32　　　　　　109010219

書　　名：精準避雷：職場 x 社交 x 生活必備說話術
作　　者：劉惠丞，才永發 著
發 行 人：黃振庭
出 版 者：崧燁文化事業有限公司
發 行 者：崧燁文化事業有限公司
E-mail：sonbookservice@gmail.com
粉 絲 頁：　　網 址：
地　　址：台北市中正區重慶南路一段六十一號八樓 815 室
8F.-815, No.61, Sec. 1, Chongqing S. Rd., Zhongzheng Dist., Taipei City 100, Taiwan (R.O.C.)
電　　話：(02)2370-3310 傳　真：(02) 2388-1990
總 經 銷：紅螞蟻圖書有限公司
地　　址: 台北市內湖區舊宗路二段 121 巷 19 號
電　　話:02-2795-3656 傳真:02-2795-4100　　網址：
印　　刷：京峯彩色印刷有限公司（京峰數位）

定　　價：360 元
發行日期：2020 年 07 月第一版
◎ 本書以 POD 印製發行